ほっとくだけで味が決まる
漬けたら、すぐおいしい！

堤 人美

講談社

CONTENTS

- 4 "漬ける"からおいしい。そのワケは……
- 6 おいしく"漬ける"ポイント

1章 朝漬けて夜帰ったら火を通すだけ

塩ベース
- 8 豚肉の塩ローズマリー漬け
  豚肉のローズマリー焼き
- 10 いかの塩レモン漬け
  いかとブロッコリーの塩レモン炒め
- 11 いわしの塩にんにく漬け
  いわしの塩にんにくグリル

しょうゆベース
- 12 鶏肉のはちみつしょうゆ漬け
  鶏肉のレンジ照り焼き
- 14 牛カルビの焼き肉風漬け
  牛肉の野菜炒め
- 15 手羽元の豆板醤しょうゆ漬け
  手羽元のから揚げ

ナンプラーベース
- 16 鶏肉のガパオ風漬け
  ガパオ風炒め
- 17 豚ばら肉のナンプラーしょうが漬け
  豚ばら肉となすのナンプラー炒め

みそベース
- 18 たらのみそ漬け
  たらのみそ漬け焼き

梅ベース
- 19 たいの梅みりん漬け
  たいとわかめのレンジ蒸し

カレーベース
- 20 鶏胸肉のカレー漬け
  タンドリーチキン

ケチャップベース
- 22 スペアリブのBBQソース漬け
  スペアリブのグリル

ポン酢ベース
- 24 さけの幽庵漬け
  さけの幽庵焼き
- 25 ぶりの豆板醤ポン酢漬け
  ぶりの中華炒め

コチュジャンベース
- 26 牛肉のコチュジャンソース漬け
  牛肉と厚揚げの蒸し煮

2章 漬けたベースを2〜3品にアレンジ

塩ベース
- 30 豚ばら肉のにんにく塩漬け
  塩肉じゃが
- 32 塩豚とにらの炒めナムル
- 33 かぶと塩豚のレンジ蒸し

しょうゆベース
- 34 さばのしょうゆ漬け
  さばとパプリカの炒め物
- 36 さばのごま竜田揚げ
- 37 焼きさば

ナンプラーベース
- 38 豚ひき肉のナンプラー漬け
  豚ひき肉とミニトマトのナンプラー炒め
- 39 タイ風春雨サラダ

みそベース
- 40 豚肉のごまみそ漬け
  豚肉と大根のみそ煮

オイスターソースベース
- 42 鶏もも肉のオイスターソース漬け
  鶏もも肉のオイスター照り焼き
- 43 かぼちゃと鶏肉の辛み炒め

ゆずこしょうベース
- 44 ぶりのゆずこしょオイル漬け
  ぶりとねぎのさっぱり煮
- 45 ぶりと豆腐の重ね蒸し

ケチャップベース
- 46 牛肉のケチャップ漬け
  ビーフストロガノフ
- 47 牛肉炒めオムレツのせ

3章 漬けるベースは一緒。冷蔵庫にあるものを漬けて

塩ベース
- 50 玉ねぎソース
  - サイコロステーキとズッキーニのマリネ
  - えびと玉ねぎのエスカベーシュ風
- 52 塩ねぎだれ
  - 鶏のから揚げ 塩ねぎだれ漬け
  - 焼きいわし
- 54 ベジタブルラビゴットソース
  - ゆでしゃぶしゃぶ肉のマリネ
  - さばの塩焼き ラビゴットソース漬け

しょうゆベース
- 56 黒酢にらだれ
  - 豆あじのから揚げ
  - 手羽先グリル 黒酢にらだれ漬け

めんつゆベース
- 58 トマトめんつゆ
  - カリカリ揚げ豚のトマトめんつゆ漬け
  - ゆで鶏のトマトめんつゆ漬け

ケチャップベース
- 60 はちみつケチャップソース
  - 肉だんごのはちみつケチャップソース漬け
  - 焼き肉のはちみつケチャップソース漬け

マヨネーズベース
- 72 せん切りじゃが芋の明太マヨ漬け
- 73 揚げ里芋のみそマヨ漬け
  - いんげんのごまマヨ漬け

粒マスタードベース
- 74 ひじきと大豆の粒マスタード漬け
- 75 アボカドの粒マスタード漬け

ドレッシングベース
- 76 キャロットラペ
- 77 ゆでキャベツのコールスロー
- 78 かぼちゃのハニーフレンチドレ漬け
- 79 ミックスビーンズのパセリドレ漬け

Column
- 28 ゆで卵を漬ける
  - オイスターソース味／めんつゆ味／カレー味／ジャスミンしょうゆ味
- 48 調味料に漬ける
  - ハーブオイル／花椒オイル／焼きしし唐のしょうゆ漬け／りんごの甘いビネガー
- 62 刺身を漬ける
  - まぐろのわさび漬け／白身魚の塩麹漬け／サーモンの塩漬け

4章 漬けるサブおかず

塩ベース
- 64 塩きのこ
- 65 セロリの塩さんしょう漬け
  - わかめの塩炒めナムル

しょうゆベース
- 66 焼きトマトのガーリックしょうゆ漬け
- 67 さつま芋の中華だれ漬け
- 68 大根の甘辛しょうゆ漬け
- 69 炒めきゅうりのしょうゆ漬け
  - れんこんのからしじょうゆ漬け
- 70 揚げなすのバルサミコしょうゆ漬け
- 71 切り干し大根と昆布のハリハリ漬け
  - ごぼうの南蛮漬け

本書の使い方

◎食べたい味の料理が見つかります
料理を選びやすいように味別にベースをまとめました。塩、しょうゆ、みそ、ケチャップなど食べたい味で選べます。

◎「漬ける目安」「保存」について
「漬ける目安」は漬けてからの食べごろと漬け時間、「保存」は日持ちの目安です。

◎決まりごと
・材料の分量は基本的に2人分です。作りおきをしておくと重宝するもの、また少量で作りにくいものは、作りやすい分量、2～3人分、4人分などとしている場合もあります。
・小さじ1は5mℓ、大さじ1は15mℓ、カップ1は200mℓです。
・電子レンジの加熱時間は、600Wを使用した場合の目安です。
・調味料類は、特に指定がない場合、しょうゆは濃い口しょうゆ、小麦粉は薄力粉、砂糖は上白糖を使っています。

"漬ける"から
おいしい。
そのワケは……

揚げたての肉や魚をベースに漬けて熱々で食べると、
カリッとした部分とジュワッとしみた部分、
両方の食感を存分に味わえます。
それを冷やして、おつまみやお弁当のおかずにしても最高!
「漬ける」レシピは、私が家族や友人に出して
喜ばれた自信作ばかりです。

この本ではベースにからめてすぐ食べられる料理も、
あえて「漬ける」と表現しました。
時間がなくても漬けるだけで味がしっかりしみて、
熱々でも冷たくてもおいしい
「漬ける」レシピを楽しんでください。

"漬ける"と
ほっとくだけで
おいしくなる

この本で紹介する漬け方は2通りで、1つはベースに漬けたものを、焼く・揚げる・煮るなど加熱して仕上げる。もう1つは加熱したものをベースに漬けて仕上げるものです。
そのどちらも、漬けてすぐ食べられるものから、2〜4日のうちに食べきるものです。長時間漬け込まなくても、ほっとくだけでおいしくなる方法を"漬ける"としました。
忙しくて手間がかけられなくても、しっかり食事を楽しみたい人にぴったりです。

"漬ける"と
味がしみるから
おいしくなる

例えば豚肉を塩漬けにして、焼いたり、スープにしたりすると、何もしていない豚肉を同じように調理して、あとから塩で味つけするよりも、グッと味わい深くなります。熟成まではいかなくても、水分が抜けて、うまみが凝縮されるのです。
また加熱後に漬けても、味がしみてキリッと締まります。どちらの調理法でも、味がしっかりしみ込むことで、おいしく仕上がります。

味が
決まっているから
"漬ける"だけでOK

漬けるベースはどれも味がしっかり決まっているので、味つけが苦手な人でもレシピ通りに作れば失敗しません。漬けたあとは合わせる食材によって、ほんの少し調整するだけ。もう味つけで悩むことはありません。
食べたい味を選びやすいよう、この本では味別にベースをまとめました。塩、しょうゆ、みそ、ケチャップなどなど、お好きな味を選んで準備しましょう！

"漬ける"と
時短になり、食材の
ムダもなくなる

肉や魚をしょうゆやみそのベースに漬けておく、調味料でベースを作っておくなど、少しの準備だけで、おいしい料理が驚くほどササッとでき上がります。漬けたサブおかずが作ってあれば、もう1品欲しいなというときに大助かり。
肉を買ったまま冷蔵庫におくよりも、漬けておけば使い勝手もよく、日持ちします。漬けることで食材をムダなく使いきれるので、家計にもやさしいのです。

おいしく"漬ける"ポイント

下ごしらえをする

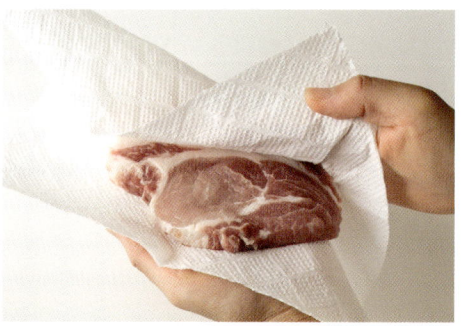

食材の水けをふく

食材を調味料に漬けるとき、肉や魚に水けが残っていると、味が入りづらくボケた味になります。また傷みやすくもなります。漬ける前にキッチンペーパーなどで、水けをしっかりふき取りましょう。

漬ける

空気を抜いて

食材を調味料に漬けるとき、形がくずれやすい切り身魚以外は、ポリ袋やファスナー付き保存袋が便利です。どちらも、できるだけ空気を抜いて口を閉じましょう。少ない調味料でも、食材全体に行き渡ります。

酸が強いものは容器に注意

加熱したものを調味料に漬ける場合、容器はきれいに洗って完全に乾燥させたものを使いましょう。水滴や汚れは傷みの原因になります。酢を使ったものを保存する場合は、酸に強いほうろうやステンレス、ガラスの容器を使います。容器から取り出すときは、清潔な箸やスプーンを使って。

保存する

保存期間は目安

漬けると時間とともに味がしみ込むだけでなく、締まって固くなることもあります。保存期間を目安に、おいしいうちに早めに食べきりましょう。漬けすぎて味が濃くなったときは、野菜と合わせてスープなどにしても。

1章

漬ける

仕上げる

朝漬けて夜帰ったら火を通すだけ

材料と調味料を混ぜて漬けておき、
食べるときに火を通して仕上げます。
出かける前に漬けて夜に仕上げれば、
おいしい晩ごはんに！

塩ベース

🍲 漬ける

豚肉の塩ローズマリー漬け

材料（2人分）
豚肩ロース肉（とんカツ用）
　……2枚（200g）

A
- 塩 …… 小さじ½
- こしょう …… 適量
- ローズマリー …… 1枝
- にんにく（包丁の腹でつぶす）…… 1かけ
- オリーブ油 …… 小さじ2

作り方
1. 豚肉は赤身と脂肪の間に、包丁で細かく切り込みを入れて筋を切る。
2. 保存袋やポリ袋に1を入れ、Aを加えてよくもみ込み、空気を抜いて口を閉じ、冷蔵庫で漬ける。

Memo　オイルでコーティングされるので、豚肉が柔らかくなります。
ローズマリーは、香りのさわやかな生がおすすめ。　漬ける目安：半日から2日

🍳 仕上げる

豚肉のローズマリー焼き

漬けたにんにく、ローズマリーも焼いて、
香りよく焼き上げましょう。

材料（2人分）
豚肉の塩ローズマリー漬け …… 全量
じゃが芋 …… 2個（約300g）
トマト …… 1個
塩、こしょう …… 各適量
マスタード …… 適量
オリーブ油 …… 小さじ4

作り方
1. じゃが芋は皮つきのままよく洗い、水けをふかずにラップで包んで電子レンジに6〜7分かけ、半分に切る。トマトはへたを除き、横半分に切る。
2. フライパンにオリーブ油小さじ2を熱し、漬けたにんにくを入れ、香りが出るまで弱火で炒める。中火にして1の断面を下にして並べ、両面を1分30秒ずつこんがり焼き（写真）、塩、こしょうをふって、いったん取り出す。
3. フライパンをきれいにふいてオリーブ油小さじ2を熱し、豚肉を並べ、ローズマリーを加えて豚肉の両面を中火で2分30秒ずつこんがり焼く。器に盛り、マスタードを添える。

じゃが芋はレンジで柔らかくしてから、フライパンで焼き色をつける。

塩ベース

🍴漬ける

いかの塩レモン漬け

材料（2人分）
するめいか
　……1ぱい（約250g）
A｜塩…… 小さじ1弱
　｜レモン（ワックス不使用のもの／輪切り）…… ½個
　｜オリーブ油…… 大さじ2

作り方
1 いかは軟骨と足を抜いてわたを除き、胴は皮をむいて1cm幅の輪切りにする。足は足先を切り落とし、2本ずつに切り分ける。
2 保存袋やポリ袋に**1**を入れ、**A**を加えてよくもみ込み、空気を抜いて口を閉じ、冷蔵庫で漬ける。

Memo レモンは皮つきにすると香りがよい。漬けすぎると苦みが出ることがあるので、1日以上おくときは取り出して。　**漬ける目安：半日から2日**

🍳仕上げる

いかとブロッコリーの塩レモン炒め

いかと一緒にレモンも焼くと、酸味が加わってさっぱりと仕上がります。

材料（2人分）
いかの塩レモン漬け…… 全量
ブロッコリー…… ½個（約150g）
赤唐辛子…… 1本
塩…… 少々
粗びき黒こしょう…… 適量
オリーブ油…… 小さじ2

作り方
1 ブロッコリーは小房に分け、ざく切りにする。赤唐辛子は半分にちぎり、種を除く。
2 フライパンにオリーブ油と赤唐辛子を入れて弱火にかけ、香りが出たらブロッコリーを加えて中火でさっと炒める。水大さじ1をふり入れて2分ほど炒め、塩をふる。
3 いかは汁けを軽くきって加え、1分30秒ほど炒める。端にレモンを加えて焼き、最後にさっと混ぜる。器に盛り、粗びき黒こしょうをふる。

🍳 漬ける

いわしの塩にんにく漬け

材料（2人分）
いわし …… 4尾
にんにく（薄切りにして芯を除く）
　…… 2かけ
塩、粗びき黒こしょう
　…… 各適量
オリーブ油 …… 大さじ1

作り方
1 いわしは頭とわたを除き、塩水（水カップ2＋塩小さじ2）でさっと洗って、さらに流水で洗う。
2 いわしの水けをふいて塩小さじ1をふり、腹ににんにくを詰める。バットに並べ、粗びき黒こしょうをふってオリーブ油を回しかけ、ラップをかけて冷蔵庫で漬ける。

Memo いわしは腹の中までしっかり水けをふいてからにんにくをたっぷりと詰め、香りを移します。
漬ける目安：半日から1日

🍳 仕上げる

いわしの塩にんにくグリル

いわしは焼く前に汁けをしっかりふくと、臭みがなくなり、カリッと焼き上がります。

材料（2人分）
いわしの塩にんにく漬け …… 全量
ベビーリーフ …… 適量
レモン（くし形切り）…… 2個
オリーブ油 …… 小さじ1

作り方
1 フライパンにオリーブ油を熱し、いわしの汁けをふいて入れ、中火で両面を2分ずつ焼く。出てきた脂はキッチンペーパーでふき取りながら焼く。
2 いわしを器に盛り、洗って水けをきったベビーリーフ、レモンを添える。

しょうゆベース

🍶 漬ける

鶏肉のはちみつしょうゆ漬け

材料（2〜3人分）
鶏もも肉 …… 大2枚（約500g）

A
- しょうゆ、はちみつ …… 各大さじ2
- 酒 …… 大さじ1
- 片栗粉 …… 小さじ½
- 長ねぎの青い部分（たたいてつぶす） …… 1本分
- しょうが（皮つき薄切り） …… 2枚

作り方
1. 鶏肉は皮目全体にフォークを刺して穴をあける。
2. 保存袋やポリ袋に1を入れ、Aを加えてよくもみ込み、空気を抜いて口を閉じ、冷蔵庫で漬ける。

味がしみ込みやすいように、フォークで刺して穴をあける。包丁の先で細かく切り込みを入れてもよい。

Memo 袋に入れたら片栗粉を溶かすようによくもみ込みます。切って粉をまぶし、から揚げにしても。お弁当用に夜に仕込んでおくと便利。　**漬ける目安：半日から1日**

🍳 仕上げる

鶏肉のレンジ照り焼き

鶏肉は皮を下にし、ラップをかけずに電子レンジで加熱すると、なんと照り焼き風に仕上がります。

材料（2人分）
鶏肉のはちみつしょうゆ漬け …… 全量
きゅうり …… 2本
塩 …… 少々

作り方
1. きゅうりは縞目に皮をむいて塩をまぶし、板ずりする。めん棒などでたたいてひびを入れ、4〜5cm長さに切る。
2. 耐熱容器に鶏肉を皮目を下にして漬け汁ごと入れ、長ねぎをのせる（**a**）。ラップなしで電子レンジに10分かける。長ねぎを除き、汁けをきって（**b**）、さらに5分加熱する。
3. 食べやすく切って器に盛り、1を添える。

a

鶏肉は皮目を下にしてレンジにかけると、焼いたように仕上がる。

b

汁けをきって再びレンジにかけると、より照り焼き風に。

しょうゆベース

🥢 漬ける

牛カルビの焼き肉風漬け

材料（2人分）
牛カルビ肉（焼き肉用）…… 250g
塩、こしょう …… 各適量
A
| しょうゆ …… 大さじ2
| 砂糖、酒、みりん …… 各大さじ1
| にんにく、しょうが（すりおろす）…… 各1かけ
| 長ねぎ（みじん切り）…… 1/2本（約50g）

作り方
1 耐熱容器にAの酒とみりんを入れ、ラップなしで電子レンジに20秒かける。
2 牛肉は塩、こしょうで下味をつけ、保存袋やポリ袋に入れる。Aを加えてよくもみ込み、空気を抜いて口を閉じ、冷蔵庫で漬ける。

Memo 酒とみりんは、電子レンジにかけてアルコール分をとばすとマイルドな味わいに。香味野菜がきいています。　漬ける目安：半日から1日

🥢 仕上げる

牛肉の野菜炒め

野菜炒めがあっという間に完成！　野菜はにんじん、ブロッコリー、なすなど、冷蔵庫にあるもので。

材料（2人分）
牛カルビの焼き肉風漬け …… 全量
キャベツ …… 2枚（約160g）
ピーマン …… 2個
サラダ油 …… 大さじ1

作り方
1 キャベツは一口大に切り、ピーマンはへたと種を除き、2cm四方に切る。
2 フライパンにサラダ油を熱し、漬け汁をきった牛肉を入れて（漬け汁は取っておく）、中火で1分ほど炒め、1を加えてさらに1分30秒ほど炒める。漬け汁少々を回しかけ、強火でさっと炒め合わせる。

🍴 漬ける

手羽元の豆板醬しょうゆ漬け

■ 材料 (2人分)

手羽元 …… 8本

A ┃ しょうゆ、酒 …… 各大さじ1
　 ┃ 塩、こしょう …… 各適量
　 ┃ 豆板醬(トウバンジャン) …… 小さじ1

■ 作り方

1 鶏肉は、皮の厚いほうに切り込みを2〜3本入れる。

2 保存袋やポリ袋に1を入れ、Aを加えてよくもみ込み、空気を抜いて口を閉じ、冷蔵庫で漬ける。

Memo　手羽元の皮が厚いほうに切り込みを入れて、味をしみ込みやすくします。根菜などの野菜とオーブンで焼いても。　漬ける目安：半日から1日

🍴 仕上げる

手羽元のから揚げ

ちょっぴり辛みがきいてスパイシー。骨つきのから揚げは、食べごたえがあります。

■ 材料 (2人分)

手羽元の豆板醬しょうゆ漬け …… 全量

片栗粉 …… 大さじ6
揚げ油 …… 適量

■ 作り方

1 手羽元は汁けを軽くきる。

2 1に片栗粉をまぶし、中温 (170度) の揚げ油に入れて中火で4分ほど揚げ、火を強めて1分ほどカラリと揚げて、油をきる。

ナンプラーベース

🥢 漬ける

鶏肉のガパオ風漬け

■ 材料（2人分）
鶏もも肉 …… 大1枚（約300g）
A
- ナンプラー、オイスターソース …… 各小さじ2
- 赤唐辛子（小口切り）…… 2本
- にんにく（包丁の腹でつぶす）…… 1かけ
- バジル …… 2枝（葉で8枚）

■ 作り方
1 鶏肉は一口大に切る。
2 保存袋やポリ袋に1を入れ、Aを加えてよくもみ込み、空気を抜いて口を閉じ、冷蔵庫で漬ける。

Memo ガパオ風にはバジルが必須。ナンプラーベースは味がしみやすいので、炒めて仕上げるときはたっぷりの野菜と合わせてください。**漬ける目安：半日から1日**

🥘 仕上げる

ガパオ風炒め

仕上げに目玉焼きをのせるのが定番です。好みでレモンを絞り、香菜（シャンツァイ）を散らしても。

■ 材料（2人分）
鶏肉のガパオ風漬け …… 全量
ピーマン …… 3個
ゆでたけのこ …… 小1本（約100g）
卵 …… 1個
A
- 酒 …… 大さじ1
- 塩、こしょう …… 各適量

サラダ油 …… 適量

■ 作り方
1 ピーマンはへたと種を除き、2cm四方に切る。たけのこも2cmの角切りにする。
2 フライパンにサラダ油小さじ2を熱し、漬けたにんにくを弱火で炒め、香りが出たら鶏肉を皮目を下にして入れ、袋の残りもすべて入れ、中火で2分ほど焼く。鶏肉を返し、1を加えて2分ほど炒め、Aを順に加えて炒め合わせ、器に盛る。
3 小さめのフライパンにサラダ油大さじ1を熱し、卵を割り入れ、強めの中火で目玉焼きを作って2にのせる。

漬ける

豚ばら肉のナンプラーしょうが漬け

材料（2人分）
豚ばら薄切り肉 …… 150g

A
- ナンプラー …… 小さじ1½
- 酒 …… 大さじ1
- 塩、こしょう …… 各適量
- 玉ねぎ（薄切り）…… ½個
- しょうが（せん切り）…… ½かけ

作り方
1. 豚肉は5㎝長さに切る。
2. 保存袋やポリ袋に**1**を入れ、**A**を加えてよくもみ込み、空気を抜いて口を閉じ、冷蔵庫で漬ける。

Memo しょうがの香りがアクセント。野菜も入っているので、このまま炒めてご飯にのせ、どんぶりにしても。　漬ける目安：半日から1日

仕上げる

豚ばら肉となすのナンプラー炒め

豚肉のうまみがなすにからみ、ご飯にぴったりの味に。野菜はピーマンやパプリカ、キャベツなどでも。

材料（2人分）
豚ばら肉の　ナンプラーしょうが漬け …… 全量
なす …… 3本
塩、こしょう …… 各少々
サラダ油 …… 大さじ1

作り方
1. なすはへたを切り落として縦6等分に切り、水に5分ほどさらして水けをきる。
2. フライパンにサラダ油を熱し、**1**を入れて中火で3分ほど転がしながら焼く。なすを端に寄せ、豚肉と漬けた野菜もすべて加えて2分30秒ほど炒め、塩、こしょうをふり、炒め合わせる。

みそベース

🍳 漬ける

たらのみそ漬け

材料（2人分）
たらの切り身 …… 2切れ
　塩 …… 適量
A ｜西京みそ …… 150g
　｜みりん、酒 …… 各大さじ1½

作り方
1. たらは塩をふり、10分ほどおいて水けをふく。
2. Aを混ぜ、バットや保存容器に半量を入れて広げ、1を並べて残りのAを塗る。ラップをぴったりかけ、冷蔵庫で漬ける。

Memo　西京みそは甘口の白みそで、甘みが魚にじんわりとしみ込みます。ほかに、たいやさわら、すずきなどの白身魚でも。　漬ける目安：半日から1日

🍳 仕上げる

たらのみそ漬け焼き

淡泊なたらも、みそ味がしみてコクがアップ。冷めてもおいしいので、お弁当にもおすすめです。

材料（2人分）
たらのみそ漬け …… 全量
しし唐 …… 6本

作り方
1. しし唐は竹串で数ヵ所刺して、穴をあける。
2. たらをさっと洗って漬けだれを落とし、水けをふく。魚焼きグリル（両面焼き）を温め、たらの皮目を上にしてしし唐とともに並べ、中火で6分ほど焼く。しし唐は焼けたら途中で取り出す。片面焼きグリルなら、たらを4分ほど焼き、返してしし唐を並べ、さらに3〜4分焼く。

梅ベース

🍱 漬ける

たいの梅みりん漬け

材料（2人分）
たいの切り身 …… 2切れ
　塩 …… 適量
A
| 梅干し …… 大1個
| みりん …… 大さじ1
| しょうゆ …… 小さじ2
| すり白ごま …… 大さじ2

作り方
1. たいは塩をふり、10分ほどおいて水けをふく。Aの梅干しは種を除いて果肉をたたき、残りのAと混ぜる。
2. たい全体にAを塗り、バットや保存容器に並べる。ラップをぴったりかけ、冷蔵庫で漬ける。

Memo　梅干しの酸味とごまのコクで、白身魚が深い味わいに。梅干しペーストなら小さじ2で。ほかに、さわらやすずき、たらなどでも。　**漬ける目安：半日から1日**

🍳 仕上げる

たいとわかめのレンジ蒸し

わかめをたっぷり敷いて、たいを並べて電子レンジにかけるだけ。上品な和のおかずの完成です。

材料（2人分）
たいの梅みりん漬け …… 全量
わかめ（塩蔵）…… 25g
万能ねぎ（長めの斜め切り）…… 5本

作り方
1. わかめはさっと洗い、水に5分ほどつけてもどし、熱湯を回しかける。万能ねぎは水にさらし、水けをきる。
2. 耐熱容器にわかめを敷き、たいを漬けだれのついたまま間隔を空けて並べ、ラップをかけ電子レンジに4〜5分かける。ラップを外し、万能ねぎを散らす。

カレーベース

🍳 漬ける

鶏胸肉のカレー漬け

■ 材料（2〜3人分）

鶏胸肉 …… 大2枚（約500g）
塩 …… 小さじ1
こしょう …… 適量
A ┃ カレー粉 …… 大さじ1½
　┃ プレーンヨーグルト …… カップ1
　┃ トマトケチャップ …… 大さじ4
　┃ にんにく、しょうが（すりおろす）
　┃ 　…… 各1かけ

味がしみ込みやすいように、フォークで刺して穴をあける。包丁の先で細かく切り込みを入れてもよい。

■ 作り方

1 鶏肉は皮目全体にフォークを刺して穴をあける。

2 鶏肉に塩、こしょうをふり、保存袋やポリ袋に入れる。**A**を加えてよくもみ込み、空気を抜いて口を閉じ、冷蔵庫で漬ける。

Memo　パサつきがちな鶏胸肉が、ヨーグルトの効果でしっとり仕上がります。ほかに、鶏もも肉や手羽元、スペアリブなどでも。　**漬ける目安：半日から3日**

🍳 仕上げる

タンドリーチキン

オーブンで焼けば、インド風チキングリルのでき上がり。
玉ねぎやじゃが芋を一緒に焼いても。

■ 材料（2人分）

鶏胸肉のカレー漬け …… 全量
サニーレタス …… 適量

■ 作り方

1 オーブンの天パンにアルミホイルを敷いて網をのせ、鶏肉の漬け汁をぬぐって皮目を上にして並べ、180度で25〜30分焼く。

2 食べやすく切って器に盛り、サニーレタスを添える。

ケチャップベース

🥘 漬ける

スペアリブのBBQ（バーベキュー）ソース漬け

材料（2人分）
スペアリブ …… 6本（600～700g）
　塩 …… 小さじ½
　こしょう …… 適量
A ┃ トマトケチャップ …… 大さじ4
　 ┃ しょうゆ、はちみつ
　 ┃ 　…… 各大さじ3
　 ┃ 酢 …… 大さじ2
　 ┃ 玉ねぎ（すりおろす）…… ½個
　 ┃ にんにく（すりおろす）…… 1かけ

作り方
1　スペアリブは塩、こしょうをふる。
2　保存袋やポリ袋に1を入れ、Aを加えてよくもみ込み、空気を抜いて口を閉じ、冷蔵庫で漬ける。

Memo　野菜の甘みもきいたコクのある漬け汁は、骨つき肉にぴったり。
ほかに、鶏もも肉や手羽元、豚かたまり肉でも。　**漬ける目安：半日から3日**

🥘 仕上げる

スペアリブのグリル

オーブンに入れて、途中で取り出して漬け汁を塗りながら焼くと、
味がしっかりついて、こんがりと焼き上がります。

材料（2人分）
スペアリブのBBQソース漬け …… 全量
玉ねぎ …… 1個

作り方
1　玉ねぎは皮つきのまま縦4等分に切る。
2　オーブンの天パンにアルミホイルを敷いて網をのせ、スペアリブの汁を軽くきって並べ（**a**）、180度で30分焼く。
3　いったん取り出して玉ねぎを並べ、スペアリブに漬け汁をはけで塗り（**b**）、オーブンに入れてさらに15～20分焼く。途中で焦げそうになったらアルミホイルをかけ、焼き上がったら漬け汁を塗って15分ほど庫内で休ませ、器に盛る。

a　天パンに網をのせて焼くと、余分な脂が落ちてこんがりと仕上がる。

b　スペアリブがほぼ焼けたら玉ねぎを並べ、漬け汁を塗って再び焼く。

> ポン酢ベース

🍲 漬ける

さけの幽庵漬け

■ 材料（2人分）
生ざけの切り身 …… 2切れ
　塩 …… 少々
レモン（またはゆず）…… ½個
ポン酢 …… カップ¼

■ 作り方
1 さけは塩をふり、10分ほどおいて水けをふく。レモンは4枚に輪切りにする。
2 バットや保存容器にさけを並べてポン酢をかけ、レモンをのせる。ラップをぴったりとかけ、冷蔵庫で漬ける。

Memo 幽庵漬けはゆずの香りをつけたもの。生レモンを加えて、さらに香りをアップ。ほかに、ぶりやいか、帆立て貝柱でも。　**漬ける目安：半日から1日**

🍳 仕上げる

さけの幽庵焼き

柑橘系の香りで、魚のおいしさが引き立ちます。野菜はきのこやしし唐、長ねぎなど季節のもので。

■ 材料（2人分）
さけの幽庵漬け …… 全量
アスパラガス …… 4本

■ 作り方
1 アスパラガスは根元を少し切り落とし、下⅓の皮をむく。
2 魚焼きグリル（両面焼き）を温め、汁けをきったさけと、レモン、アスパラガスを並べ、中火で6分ほど焼く。片面焼きの場合は4分ほど焼いて返し、さらに2分ほど焼く。
3 器にさけを盛り、斜め半分に切ったアスパラガス、レモンを添える。

▬ 漬ける

ぶりの豆板醬ポン酢漬け

材料（2人分）
ぶりの切り身 …… 2切れ
塩 …… 少々
A｜ポン酢 …… カップ¼
　｜豆板醬（トウバンジャン）…… 小さじ½

作り方
1 ぶりは塩をふり、10分ほどおいて水けをふく。
2 バットや保存容器にAを合わせて1を並べ、ラップをぴったりとかけ、冷蔵庫で漬ける。

Memo ポン酢でぶりがさっぱり味に。途中で1～2回返すと、味がしみておいしくなります。ほかに、さけやいか、帆立て貝柱でも。　**漬ける目安：半日から1日**

▬ 仕上げる

ぶりの中華炒め

豆板醬の辛みを生かした炒め物。ぶり、しいたけを焼きつけてから、小松菜と漬け汁を加えます。

材料（2人分）
ぶりの豆板醬ポン酢漬け …… 全量
しいたけ …… 2個
小松菜 …… 2株
オリーブ油 …… 小さじ2

作り方
1 ぶりは汁けをきって1切れを3つに切る。しいたけは石づきを除き、3つに切る。小松菜は4cm長さに切る。
2 フライパンにオリーブ油を熱し、ぶりを並べて中火で1分30秒ほど焼き、返してしいたけを加え、さらに1分30秒ほど焼く。小松菜を加えて炒め、漬け汁少々を回し入れ、さっと炒め合わせる。

コチュジャンベース

🍳 漬ける

牛肉のコチュジャンソース漬け

■ 材料（2人分）
牛切り落とし肉 …… 200g
にら …… 1/2束
にんじん …… 4cm
A ┃ コチュジャン、砂糖、みりん、ごま油 …… 各大さじ1 1/2
　┃ すり白ごま …… 大さじ2
　┃ しょうゆ …… 大さじ2 1/2〜3
　┃ にんにく（すりおろす）…… 1かけ

■ 作り方
1. にらは3cm長さに切り、にんじんはせん切りにする。
2. 保存袋やポリ袋に牛肉、1を入れ、Aを加えてよくもみ込み、空気を抜いて口を閉じ、冷蔵庫で漬ける。

Memo コチュジャンの甘辛味ににらがよく合います。1時間ほどで漬かりますが、長く漬けてもおいしいのが魅力。　**漬ける目安：半日から2日**

🍳 仕上げる

牛肉と厚揚げの蒸し煮

牛肉に厚揚げを加えたボリュームおかず。
牛肉を一番上にして蒸し、おいしい汁をもやしと厚揚げにからめます。

■ 材料（2人分）
牛肉のコチュジャンソース漬け …… 全量
厚揚げ …… 1枚（200g）
もやし …… 1袋（約250g）
温泉卵 …… 1個
すり白ごま …… 適量

■ 作り方
1. もやしはさっと洗い、できればひげ根を除く。厚揚げは熱湯をかけて油抜きし、一口大にちぎる。
2. フライパンにもやしを入れて厚揚げを散らし、牛肉を汁ごとのせる（**a**）。水大さじ1〜2を回しかけてふたをし（**b**）、中火で熱する。湯気が出てきたら、弱火で8分ほど蒸し煮にする。
3. 2をよく混ぜて器に盛り、すり白ごまを散らして温泉卵をのせる。温泉卵をくずし、よく混ぜながら食べる。

a　もやし→厚揚げ→牛肉の順に重ね入れる。この順番が大事。

b　焦げないように水を回しかけ、ふたをして中火で蒸し煮にする。

Column 1
ゆで卵を漬ける

ラーメンやカレーに添えたり、おつまみにしたりと、あれば重宝する味つけ卵。
好みの味で楽しんで。

1 卵をゆでる
鍋に湯を沸かし、塩、酢各少々を加え、卵をそっと加えて5〜6分ゆで、水にとって冷ます。

2 ゆで卵を漬ける
ゆで卵は殻をむくか、殻にひびを入れて好みの漬け汁（下記参照）とともにポリ袋に入れて漬ける。空気を抜いて口を閉じ、小さな容器に入れて冷蔵庫で漬ける。1日後から食べられる。　**保存：3日ほど**

オイスターソース味	めんつゆ味	カレー味	ジャスミンしょうゆ味

● 材料（4個分）と作り方

オイスターソース味
鍋にオイスターソース、砂糖各大さじ2、酢、みりん、しょうゆ、酒各カップ¼、豆板醤小さじ⅓を入れて一煮立ちさせて冷ます。殻をむいたゆで卵4個とともにポリ袋に入れて漬ける。

めんつゆ味
ゆで卵4個は殻をむき、めんつゆ（3倍濃縮）、水各カップ½、酢大さじ3、にんにく（包丁の腹でつぶす）1かけとともにポリ袋に入れて漬ける。

カレー味
ゆで卵4個は殻にひびを入れ、カレー粉小さじ2、しょうゆ、みりん各大さじ3とともにポリ袋に入れて漬ける。

ジャスミンしょうゆ味
鍋に水カップ1を入れて煮立て、ジャスミン茶葉大さじ1を加えて火を止めて冷ます。しょうゆ、砂糖各大さじ2を加え、殻にひびを入れたゆで卵4個とともにポリ袋に入れて漬ける。

2章

漬ける

漬けたベースを
2〜3品に
アレンジ

こちらも材料を調味料に漬け、加熱して
仕上げますが、漬ける時間は半日から3日と
少し長め。多めに作って、
焼いたり、揚げたりと、調理法を変えて
使い回しましょう。

仕上げる

塩ベース

漬ける

豚ばら肉の にんにく塩漬け

材料（作りやすい分量）
豚ばら薄切り肉 …… 400g
A
- 塩 …… 小さじ1弱
- こしょう …… 適量
- しょうゆ …… 少々
- ごま油 …… 大さじ1
- にんにく（薄切り）…… 1かけ

作り方
豚肉は保存袋やポリ袋に入れ、Aを加えてよくもみ込み、空気を抜いて口を閉じ、冷蔵庫で漬ける。

Memo
シンプルな塩味ににんにくの香りをつけただけなので、炒めたり、煮たり、スープにと幅広く使えます。
漬ける目安：半日から3日

仕上げる ❶

塩肉じゃが

合わせる野菜はじゃが芋だけ。豚肉のうまみを芋が吸って、おいしさ倍増。にんにくの香りに、ご飯がすすみます。

材料（2人分）
豚ばら肉のにんにく塩漬け …… 1/2量
じゃが芋 …… 3個（約450g）
A
- 水 …… カップ1 1/2
- 酒 …… 大さじ1

塩、粗びき黒こしょう …… 各適量
オリーブ油 …… 小さじ2

作り方
1. 豚肉は長さを半分に切る。じゃが芋は皮をむいて大きめの一口大に切り、水に5分ほどさらして水けをきる。

2. 鍋にオリーブ油を熱して豚肉を中火で炒め（**a**）、色が変わったらじゃが芋を加えてさっと炒める（**b**）。全体に油がまわったら、Aを加えて煮立て、あくを取って弱めの中火で15〜20分煮込む。味をみて塩で調え、器に盛って粗びき黒こしょうをふる。

a

豚肉は固まっているので、ほぐしながら炒める。

b

じゃが芋にまんべんなく油がまわるよう、大きく混ぜながら炒めて。

塩ベース

豚ばら肉のにんにく塩漬け ┈ 仕上げる❷

塩豚とにらの炒めナムル

油なしで炒めて豚肉の脂を出し、カリッとさせるのがポイント。
出た脂は除いて、さっぱりと仕上げます。

材料（2人分）
豚ばら肉のにんにく塩漬け（P.30）…… 1/2量
にら …… 1束
すり白ごま …… 大さじ2

作り方
1 豚肉は長さを半分に切る。にらは4cm長さに切る。

2 フライパンを熱し、豚肉を入れ、中火で2分30秒ほど炒める。出てきた脂をキッチンペーパーでふき取り、肉がカリッとしてきたら、にらを加えてさっと炒め、すり白ごまを加えて混ぜる。

豚ばら肉のにんにく塩漬け  仕上げる ❸

かぶと塩豚のレンジ蒸し

かぶの上に豚肉をのせて電子レンジへ。豚肉のうまみがかぶにまわります。
野菜はほかに、キャベツや小松菜、なすでも。

■ 材料（2人分）
豚ばら肉のにんにく塩漬け（P.30）…… ½量
かぶ …… 大2個（約200g）
酒 …… 大さじ2
粒マスタード …… 適量

■ 作り方
1. かぶは茎を2cmほど残して切り、皮つきのまま6等分にくし形に切る。
2. 耐熱容器にかぶを並べ、豚肉を広げてのせる。酒をふり、ふんわりとラップをかけて電子レンジに5〜6分かける。
3. 電子レンジから取り出して軽く混ぜ、器に盛って粒マスタードを添える。

しょうゆベース

🥘 漬ける

さばのしょうゆ漬け

材料（作りやすい分量）
さば（三枚におろしたもの）
　…… 2枚（約300g）
塩 …… 適量
A｜しょうゆ …… 大さじ1½
　｜酒、みりん …… 各大さじ1

作り方
1. さばは塩をふり、10分ほどおいて水けをふく。
2. バットや保存容器にAを合わせ、さばを入れて全体に調味料をからめる。ラップをぴったりとかけ、冷蔵庫で漬ける。途中、一度返す。

Memo
ベーシックな和風の味つけです。切り身よりも三枚におろしたまま漬けたほうが、味が濃くならずに使いやすい。
漬ける目安：半日から2日

🍳 仕上げる ❶

さばとパプリカの炒め物

さばの皮目を香ばしく焼きつけてから野菜を加えます。
野菜はほかに、ズッキーニやきのこ、小松菜、青梗菜（チンゲンツァイ）でも。

材料（2人分）
さばのしょうゆ漬け …… 1枚
パプリカ（赤）…… 1個
にんじん …… 50g
漬け汁 …… 大さじ1
塩、こしょう …… 各少々
オリーブ油 …… 小さじ2

作り方
1. さばは汁けを軽くきり、2cm幅にそぎ切りにする。パプリカは縦半分に切ってへたと種を除き、2cm四方に切る。にんじんは皮をむいて、ピーラーでリボン状に切る。
2. フライパンにオリーブ油を熱し、さばを皮目を下にして並べて中火で1分ほど焼いて返し、パプリカを加えて1分30秒ほど焼く。漬け汁、塩、こしょうを加えてさっと炒め合わせる。
3. 器ににんじんを敷いて2を盛る。

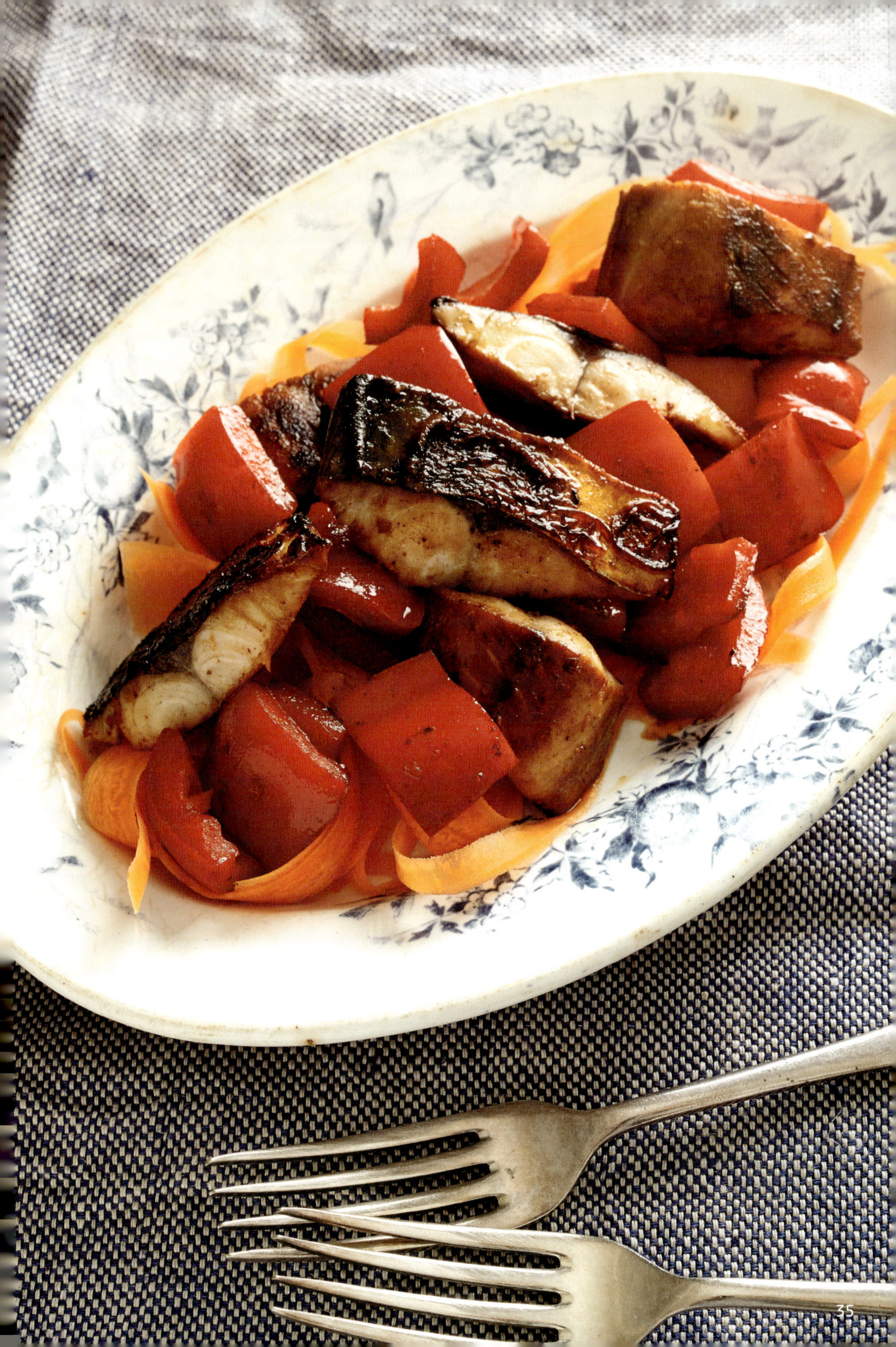

| しょうゆベース |

さばのしょうゆ漬け　仕上げる ❷

さばのごま竜田揚げ

卵白をのりにして、ごまをたっぷりまぶしつけます。
香ばしく、ごまのプチプチした歯ざわりが美味。

材料 (2人分)
さばのしょうゆ漬け (P.34) …… 1枚
玉ねぎ (薄切り) …… 1/4個
パセリ (みじん切り) …… 小さじ1
卵白 …… 1個分
いりごま (白、黒) …… 各大さじ3
揚げ油 …… 適量

作り方
1　さばは汁けを軽くきり、2cm幅に切る。ボウルに卵白をよく溶きほぐし、さばを加えてからめる。バットなどにごまを合わせ、さばを入れ、たっぷりとまぶす。中温 (170度) の揚げ油に入れて、2分ほど揚げる。

2　玉ねぎは水にさっとさらして水けを絞り、パセリと混ぜ合わせる。

3　器にさばを盛り、2を添える。

| さばのしょうゆ漬け | ⇢ 仕上げる ❸ |

焼きさば

しょうゆ漬けができ上がったら、ぜひ作りたい定番の焼きさば。
野菜はほかに、ごぼうや長ねぎでも。

■ 材料 (2人分)
さばのしょうゆ漬け (P.34) ……1枚
れんこん …… 小1節 (約150g)

■ 作り方
1. さばは汁けを軽くきり、半分に切る。れんこんは皮をむいて1cm幅の輪切りにし、水にさらして水けをふく。
2. 魚焼きグリル (両面焼き) を温め、さばの皮目を上にしてのせ、れんこんはさっと漬け汁にくぐらせて並べ、中火で5分ほど焼く。片面焼きの場合は3分ほど焼き、返してさらに3分ほど焼く。

ナンプラーベース

🥢 漬ける

豚ひき肉のナンプラー漬け

材料（作りやすい分量）
豚ひき肉 …… 400g

A
- ナンプラー、酒 …… 各大さじ1
- 砂糖 …… 小さじ½
- 塩、こしょう …… 各適量
- にんにく（すりおろす） …… 2かけ
- 赤唐辛子（小口切り） …… 2本

作り方
保存袋やポリ袋にひき肉を入れ、Aを加えてよくもみ込み、空気を抜いて口を閉じ、冷蔵庫で漬ける。

Memo エスニック味が手軽に作れるおかずの素。にんにくは多めがおいしい。野菜と炒めて水を注いで煮立てればスープにも。　漬ける目安：半日から3日

👉 仕上げる ❶

豚ひき肉とミニトマトのナンプラー炒め

ひき肉はポロポロに炒めずに、かたまりが残るように仕上げてボリュームアップ。
サラダ菜を添えて、包みながら食べます。

材料（2人分）
豚ひき肉のナンプラー漬け …… ½量
ミニトマト …… 1パック（約15個）
オリーブ油 …… 小さじ2
サラダ菜 …… 適量

作り方
1. ミニトマトはへたを除く。
2. フライパンにオリーブ油を熱し、ひき肉を入れ、ほぐさずに押さえつけて固まりのまま中火で2分ほど焼く。ミニトマトを加え、ひき肉を粗くほぐしながら、さらに2分ほど炒める。
3. 器に盛り、サラダ菜を添える。ミニトマトをつぶしてあえ、サラダ菜で巻いて食べる。

仕上げる❷
タイ風春雨サラダ

春雨入りのボリュームサラダ。温かい春雨に、
炒めたひき肉を加えて混ぜ、冷ましながら味をなじませます。

■ 材料（2人分）
豚ひき肉のナンプラー漬け …… 1/2量
春雨（乾燥）…… 60g
きゅうり …… 1本
香菜（シャンツァイ）…… 2株
酢 …… 大さじ3
塩、こしょう …… 各適量
オリーブ油 …… 小さじ1

■ 作り方

1　春雨は熱湯に5分ほどつけてもどし、湯をきって食べやすく切る。きゅうりは縦半分に切って、斜め薄切りにする。香菜は2cm長さに切る。

2　フライパンにオリーブ油を熱し、ひき肉を入れて中火で2分30秒ほど炒め、酢を回しかける。

3　ボウルに1の春雨を入れ、2を加える。塩、こしょう各少々をふって混ぜ、冷ます。きゅうりを加えて混ぜ、器に盛って香菜をのせる。

みそベース

🍳 漬ける

豚肉のごまみそ漬け

材料（作りやすい分量）
豚ロース肉（とんカツ用）
　……4枚（約400g）
塩……小さじ1/3
A ｜ 西京みそ、信州みそ
　　　……各120g
　｜ みりん、酒、すり白ごま
　　　……各大さじ4
　｜ しょうゆ……大さじ1

作り方
1. 豚肉は赤身と脂肪の間に、包丁で細かく切り込みを入れて筋を切る。塩をふり、20分ほどおいて水けをふく。
2. Aはよく混ぜ合わせる。
3. バットにラップを敷き、Aの1/3量を広げ、厚手のキッチンペーパーかガーゼをかぶせ（a）、豚肉2枚をのせる（b）。さらにキッチンペーパーをかぶせ、Aの半量を広げ、キッチンペーパー→豚肉→キッチンペーパー→Aの順に重ねる。ラップをぴったりとかけ、冷蔵庫で漬ける。

Memo 豚肉に直接みそが触れないように、厚手のキッチンペーパーかガーゼの上からみそを塗ります。フライパンで焼くだけでも、おかずになります。　漬ける目安：半日から2日

🍳 仕上げる❶

豚肉と大根のみそ煮

大根は大きめの乱切りで、豚肉と一緒に炒め煮にします。最後に汁けをとばすと、味がしっかり入ります。

材料（2人分）
豚肉のごまみそ漬け……2枚
大根……1/3本（約300g）
A ｜ 酒……大さじ1
　｜ 水……カップ1 1/2
　｜ 漬けだれ……大さじ3
サラダ油……小さじ2
一味唐辛子……適宜

作り方
1. 豚肉は2cm幅に切る。大根は皮をむいて乱切りにする。
2. 鍋にサラダ油を熱し、豚肉を入れて中火で両面を1分30秒ずつ焼く。大根を加えて（写真）焼きつけるように2分ほど炒め、Aを加えて煮る。煮立ったらあくを取り、落としぶたとふたをして、弱めの中火で20分ほど煮込む。
3. 大根が柔らかくなったらふたを外し、強火で3分ほど煮て一混ぜする。器に盛り、好みで一味唐辛子をふる。

豚肉に焼き色がついたら大根を加え、一緒に炒める。

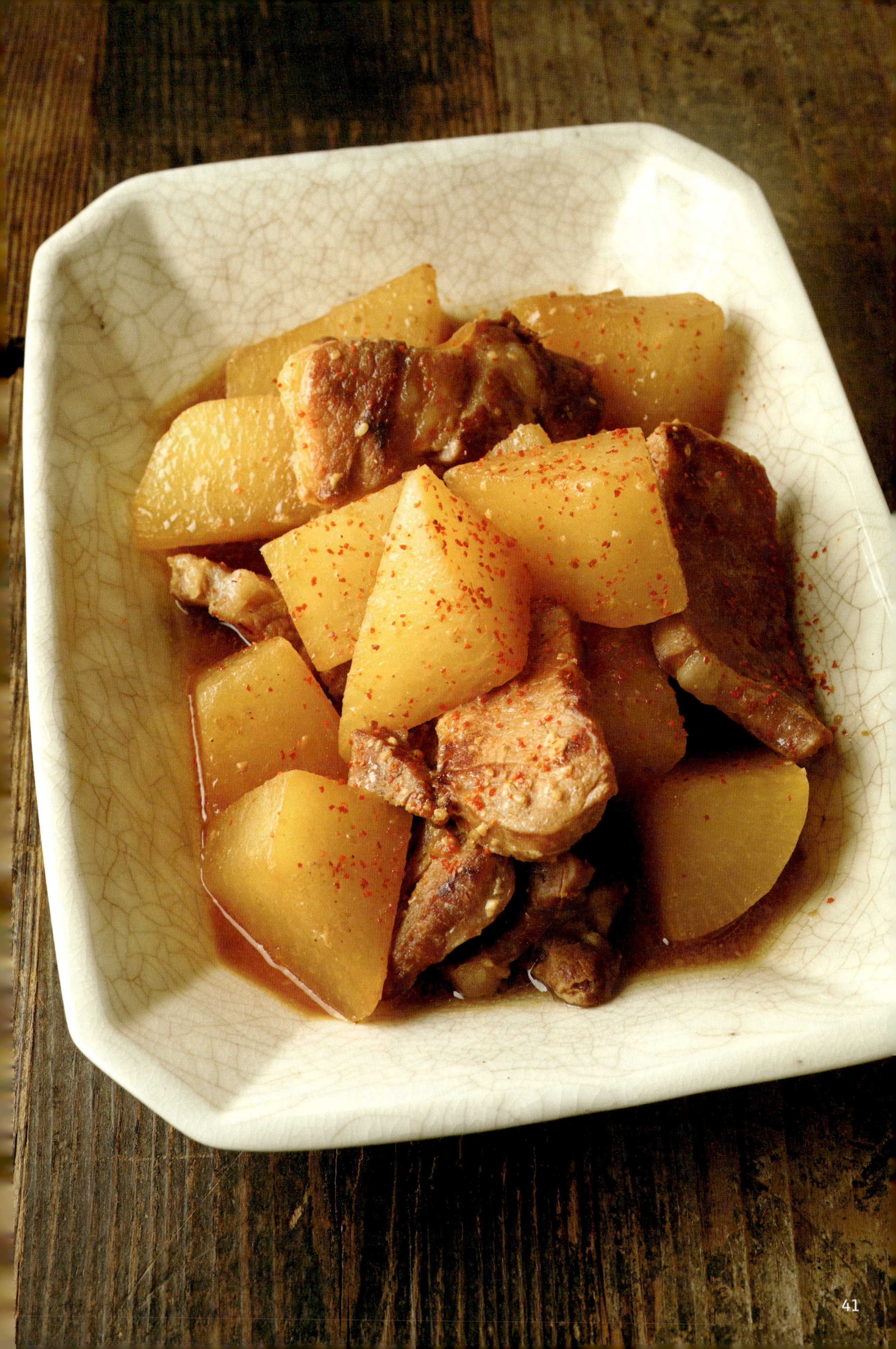

オイスターソースベース

▬ 漬ける

鶏もも肉のオイスターソース漬け

■ 材料（2～3人分）
鶏もも肉 …… 大2枚（約500g）
塩、こしょう …… 各適量

A
- オイスターソース、酒 …… 各大さじ2
- はちみつ …… 大さじ½
- しょうゆ …… 小さじ1
- にんにく、しょうが（すりおろす）…… 各1かけ

■ 作り方
1. 鶏肉は皮目全体にフォークを刺して穴をあけ、肉側には切り込みを入れて、塩、こしょうをふる。
2. 保存袋やポリ袋に1を入れ、Aを加えてよくもみ込み、空気を抜いて口を閉じ、冷蔵庫で漬ける。

Memo 鶏肉は味がしみるようにフォークで穴をあけますが、包丁の先で切り込みを入れてもよい。粉をまぶして揚げるだけでも美味。　**漬ける目安：半日から3日**

▬ 仕上げる ❶

鶏もも肉のオイスター照り焼き

焦がさないように弱めの中火で焼き、中まで火を通しましょう。
冷めてもおいしく、お弁当のおかずにも。

■ 材料（2人分）
鶏もも肉のオイスターソース漬け …… 1枚
長ねぎ（白い部分、青い部分）…… 各5cm
ごま油 …… 小さじ2

■ 作り方
1. 鶏肉は汁けを軽くきって、半分に切る。長ねぎは細切りにする。
2. フライパンにごま油を熱し、鶏肉の皮目を下にして入れ、弱めの中火で両面を4分ずつ焼き、ふたをして弱火で3分ほど蒸し焼きにする。器に盛って、長ねぎを添える。

🍳 仕上げる ❷

かぼちゃと鶏肉の辛み炒め

豆板醤のピリッとした辛みが、かぼちゃの甘みを引き立てます。
かぼちゃがくずれないよう電子レンジの加熱は固めに仕上げて。

材料（2人分）
鶏もも肉のオイスターソース漬け
……1枚
かぼちゃ …… 150g
豆板醤（トウバンジャン）…… 小さじ1/3
漬け汁 …… 大さじ1
ごま油 …… 大さじ1

作り方

1 鶏肉は汁けを軽くきって、1cm幅に切る。かぼちゃは7mm幅のくし形に切る。

2 耐熱容器にかぼちゃを並べ、水少々をかけ、ふんわりとラップをして電子レンジに2分30秒ほどかける。

3 フライパンにごま油と豆板醤を入れて弱火で炒め、香りが出たら中火にし、鶏肉の皮目を下にして並べ、両面を2分ずつ焼く。2を加えてさっと炒め、漬け汁を回しかけて1分ほど炒める。

ゆずこしょうベース

🍲 漬ける

ぶりのゆずこしょうオイル漬け

材料（作りやすい分量）
ぶりの切り身 …… 4切れ
　塩 …… 小さじ1/3
A ┃ ゆずこしょう
　┃ 　…… 小さじ1 1/2
　┃ オリーブ油 …… 大さじ2
　┃ しょうゆ …… 大さじ1

作り方
1. ぶりは塩をふり、10分ほどおいて水けをふく。
2. バットや保存容器にAを合わせてぶりを入れ、全体に調味料をからめる。ラップをぴったりとかけ、冷蔵庫で漬ける。

Memo ゆずこしょうの塩けとゆずの香りがぶりに移り、さっぱりとした味わいに。フライパンや魚焼きグリルでこのまま焼いても。　**漬ける目安：半日から3日**

🍲 仕上げる ❶

ぶりとねぎのさっぱり煮

ねぎをたっぷりと加えて、ねぎま鍋風に。
身が固くなるので、ぶりは煮すぎないようにしましょう。

材料（2人分）
ぶりのゆずこしょうオイル漬け
　…… 2切れ
長ねぎ …… 1本
A ┃ だし汁 …… カップ2 1/2
　┃ 酒 …… 大さじ2
　┃ みりん …… 小さじ1

作り方
1. ぶりは1切れを4等分に切る。長ねぎは斜め薄切りにする。
2. 鍋にAを煮立ててぶりを加え、3分ほど中火で煮る。火が通ったら長ねぎを加え、さっと煮る。

☛ 仕上げる ❷
ぶりと豆腐の重ね蒸し

ぶりと豆腐、えのきを交互に並べて電子レンジにかけるだけ。
ラップを外すと、ゆずの香りが広がります。

■ 材料（2人分）
ぶりのゆずこしょうオイル漬け
　　……2切れ
絹ごし豆腐 …… 1丁（300g）
えのきだけ …… 1袋（約100g）
貝割れ菜 …… 少々
A｜酒 …… 大さじ1
　｜漬け汁 …… 大さじ1

■ 作り方
1　ぶりは1切れを4等分に切る。豆腐は1cm厚さに切る。えのきだけは根元を切り落としてほぐし、貝割れ菜は根元を切り落として2cm長さに切る。

2　耐熱容器にぶり、豆腐、えのきだけを交互に並べ、Aを回しかける。ラップをふんわりとかけ、電子レンジに4～5分かける。ラップを外し、貝割れ菜をのせる。

ケチャップベース

漬ける

牛肉のケチャップ漬け

材料（作りやすい分量／でき上がり800g）

牛切り落とし肉 …… 400g
玉ねぎ（薄切り）…… 1½個
にんにく（薄切り）…… 1かけ

A
| トマトケチャップ …… 大さじ6
| ウスターソース …… 大さじ3
| 赤ワイン …… 大さじ4
| 塩 …… 小さじ¼
| こしょう …… 適量

作り方

保存袋やポリ袋に牛肉、玉ねぎ、にんにくを入れ、Aを加えてよくもみ込み、空気を抜いて口を閉じ、冷蔵庫で漬ける。

Memo 玉ねぎと牛肉はよく混ぜて。ブロッコリーやパプリカなどの野菜を加えて炒めれば、洋風炒めが手軽に作れます。　**漬ける目安：1日から3日**

仕上げる ❶

ビーフストロガノフ

牛肉とマッシュルームをバターで炒め、さっと煮るだけ。小麦粉をふって、軽くとろみをつけます。

材料（2人分）

牛肉のケチャップ漬け …… 500g
マッシュルーム（あればブラウン）
　…… 4個
小麦粉 …… 大さじ2
塩、こしょう …… 各適量
バター …… 小さじ3
| 温かいご飯 …… 適量
| パセリ（みじん切り）…… 少々
生クリーム …… 適量

作り方

1　マッシュルームは石づきを切り落とし、縦4等分に切る。

2　フライパンにバター小さじ2を中火で熱し、牛肉を入れて広げ、小麦粉をふり入れて炒める。粉がなじんだら1を加えてさっと炒め、水カップ2を加えて弱めの中火で5分ほど煮る。バター小さじ1を加え、塩、こしょうで味を調える。

3　ご飯にパセリを混ぜ、2とともに器に盛り、生クリームをかける。

🍳 仕上げる ❷
牛肉炒めオムレツのせ

炒めるとケチャップ漬けの玉ねぎの甘みが出ます。
ふわふわオムレツと混ぜながら食べれば、さらにおいしさアップ。

材料 (2人分)
牛肉のケチャップ漬け …… 300g
卵 …… 3個
バター …… 適量

作り方
1. 卵はよく溶きほぐす。
2. フライパンにバター小さじ2を中火で熱し、牛肉のケチャップ漬けを入れて3分ほど炒め、器に盛る。
3. フライパンをきれいにしてバター大さじ1を中火で熱し、1を流し入れてオムレツを焼き、2にのせる。オムレツをくずして牛肉にからめながら食べる。

Column 2
調味料に漬ける

油や酢、しょうゆなどいつもの調味料に、香味野菜やハーブの香りを移し、
料理のアクセントに活用して。

ハーブオイル

◉材料（作りやすい分量）と作り方

清潔な保存瓶にオリーブ油カップ1を入れ、ローズマリー1枝、黒粒こしょう大さじ1、つぶしたにんにく1かけを加える。ローズマリーがオイルから出ないよう、しっかり沈めて漬ける。

Memo：パスタ、トマトソースやドレッシングのオイル、サラダにそのままかけても。常温で保存し、3日後から使える。

保存：1ヵ月

花椒オイル

◉材料（作りやすい分量）と作り方

1 花椒（ホワジャオ）小さじ2はできればからいりして香りを立たせ、粗熱をとる。にんにく1かけはつぶし、シナモンスティック1本は折る。 2 清潔な保存瓶にサラダ油カップ1を入れ、1を加えて漬ける。

Memo：麻婆豆腐（マーボー）などの中華炒めや野菜炒め、焼き肉の炒め油におすすめ。常温で保存し、2日後から使える。

保存：1ヵ月

焼きしし唐のしょうゆ漬け

◉材料（作りやすい分量）と作り方

1 しし唐1パック（16本）は竹串で刺して穴をあけ、フライパンに入れて中火にかけ、2分ほど焼きつける。
2 清潔な保存瓶に1を入れ、にんにく（粗みじん切り）1かけ、しょうゆ75mℓ、みりん大さじ1を加えて漬ける。

Memo：しし唐は刻んで焼きそばの具に、たれは豚肉などと炒めてもおいしい。冷蔵庫で保存し、半日後から使える。

保存：1週間

りんごの甘いビネガー

◉材料（作りやすい分量）と作り方

1 紅玉または好みのりんご1個は、皮つきのまま2cm角に切り、しょうが1かけは皮つきのまません切りにする。赤唐辛子1本は半分に折って種を除く。
2 清潔な保存瓶に1を入れ、りんご酢カップ2、はちみつカップ1/2、タイム2〜3枝を加えて漬ける。

Memo：おすすめはドレッシング。キャベツのマリネやサワードリンクにしても。冷蔵庫で保存し、半日後から使える。

保存：2週間

3章

ベースを作る

漬ける

漬ける
ベースは一緒。
冷蔵庫にある
ものを漬けて

ソースやたれなど味のベースを作っておき、
肉や魚を加熱して漬け込みます。
ベースがあるので味つけは簡単。
冷蔵庫にあるもので、
あっという間に1品完成です！

塩ベース

ベースを作る

玉ねぎソース

■ 材料（でき上がり約カップ3）
玉ねぎ …… 2個
A
 ┃ 塩 …… 小さじ1弱
 ┃ こしょう …… 適量
 ┃ 酢 …… カップ½
 ┃ オリーブ油 …… カップ1

■ 作り方
玉ねぎは縦4等分にし、横に薄切りする。Aと混ぜ、清潔な容器に入れて保存。

Memo
玉ねぎたっぷりのマリネ液。揚げたり、焼いたりした食材を加えると、玉ねぎの甘みがしっかりとからみます。
保存：冷蔵庫で3日

漬ける ❶
サイコロステーキとズッキーニのマリネ

肉を玉ねぎでボリュームアップ。野菜は、なすやパプリカなどでも。
1時間後から食べられます。　保存：冷蔵庫で2日

■ 材料（2〜3人分）
玉ねぎソース …… ½量
牛肉（サイコロステーキ用）…… 200g
ズッキーニ …… 1本
にんにく（包丁の腹でつぶす）…… 1かけ
塩、こしょう …… 各適量
オリーブ油 …… 小さじ2

■ 作り方
1 ズッキーニは1cm幅の輪切りにする。牛肉は焼く直前に塩、こしょう各少々をふる。

2 フライパンにオリーブ油を熱し、にんにくを弱火で炒め、香りが出たら中火にしてズッキーニを並べ入れる。塩、こしょう各少々をふり、両面を2分ずつ焼いて、玉ねぎソースに漬ける。

3 2のフライパンに牛肉を並べ、強めの中火で両面を30秒ずつ焼いて2に漬ける。

漬ける ❷
えびと玉ねぎのエスカベーシュ風

殻つきのえびは塩と片栗粉をまぶして洗うと、臭みが取れておいしい。
2時間後から食べられます。　保存：冷蔵庫で3日

■ 材料（2〜3人分）
玉ねぎソース …… ½量
えび（殻つき／大正えびなど）…… 12尾
アスパラガス …… 4本
A
 ┃ 塩 …… 小さじ¼
 ┃ こしょう …… 適量
白ワインまたは酒 …… 大さじ1
オリーブ油 …… 大さじ1

■ 作り方
1 えびは殻つきのまま背に切り込みを入れて背わたを除く。塩と片栗粉（各分量外）をまぶして洗い、水けをふいてAをふる。

2 アスパラガスは根元の固い部分を切り、下3cmほどの皮をむき、3cm長さに切る。

3 フライパンにオリーブ油を熱し、1と2を並べて中火で両面を2分30秒〜3分ずつ焼き、白ワインをふる。さっと炒め合わせ、玉ねぎソースに漬ける。

51

塩ベース

ベースを作る

塩ねぎだれ

■ 材料（でき上がり約カップ 1½）
長ねぎ …… 1本
A │ 塩 …… 小さじ1弱
　│ レモン汁、水 …… 各大さじ4
　│ 粗びき黒こしょう …… 適量

■ 作り方
長ねぎはみじん切りにする。Aと混ぜ、清潔な容器に入れて保存。

Memo
長ねぎの香りとレモン汁の酸味で、さっぱりと仕上がります。焼いたり、炒めたりした野菜にかけても。
保存：冷蔵庫で3日

漬ける ❶

鶏のから揚げ 塩ねぎだれ漬け

揚げたての熱々もさっぱりしているし、冷めて味がしみ込んだものも美味。30分後から食べられます。　**保存：冷蔵庫で2日**

■ 材料（2〜3人分）
塩ねぎだれ …… ½量
鶏もも肉 …… 2枚（約500g）
A │ しょうゆ、酒 …… 各大さじ2
　│ にんにく（すりおろす）…… 2かけ
片栗粉 …… 大さじ6
揚げ油 …… 適量

■ 作り方
1　鶏肉は一口大に切ってポリ袋に入れ、**A**を加えてよくもみ込み、30分ほどおく。

2　**1**に片栗粉を加えてもみ込み、中温（170℃）の揚げ油に入れて、3分ほど揚げる。火を強めて温度を上げ、1分ほど揚げて油をきる。熱いうちに塩ねぎだれに漬ける。

漬ける ❷

焼きいわし

ねぎの香りで魚がおいしくなります。ほかに、あじやさば、さけ、白身魚でも。30分後から食べられます。　**保存：冷蔵庫で2日**

■ 材料（2人分）
塩ねぎだれ …… ½量
いわし …… 4尾
エリンギ …… 大2本
塩、こしょう、小麦粉 …… 各適量
オリーブ油 …… 小さじ2

■ 作り方
1　いわしは頭とわたを除き、よく洗って水けをふき、塩、こしょう各少々をふって、小麦粉を薄くまぶす。エリンギは縦4等分に切る。

2　フライパンにオリーブ油を熱し、いわし、エリンギを入れて中火で焼く。いわしは両面を3分ずつこんがり焼いて、塩ねぎだれに漬ける。エリンギは木べらで押さえながら、塩、こしょう各少々をふってこんがり焼く。熱いうちに塩ねぎだれに漬ける。

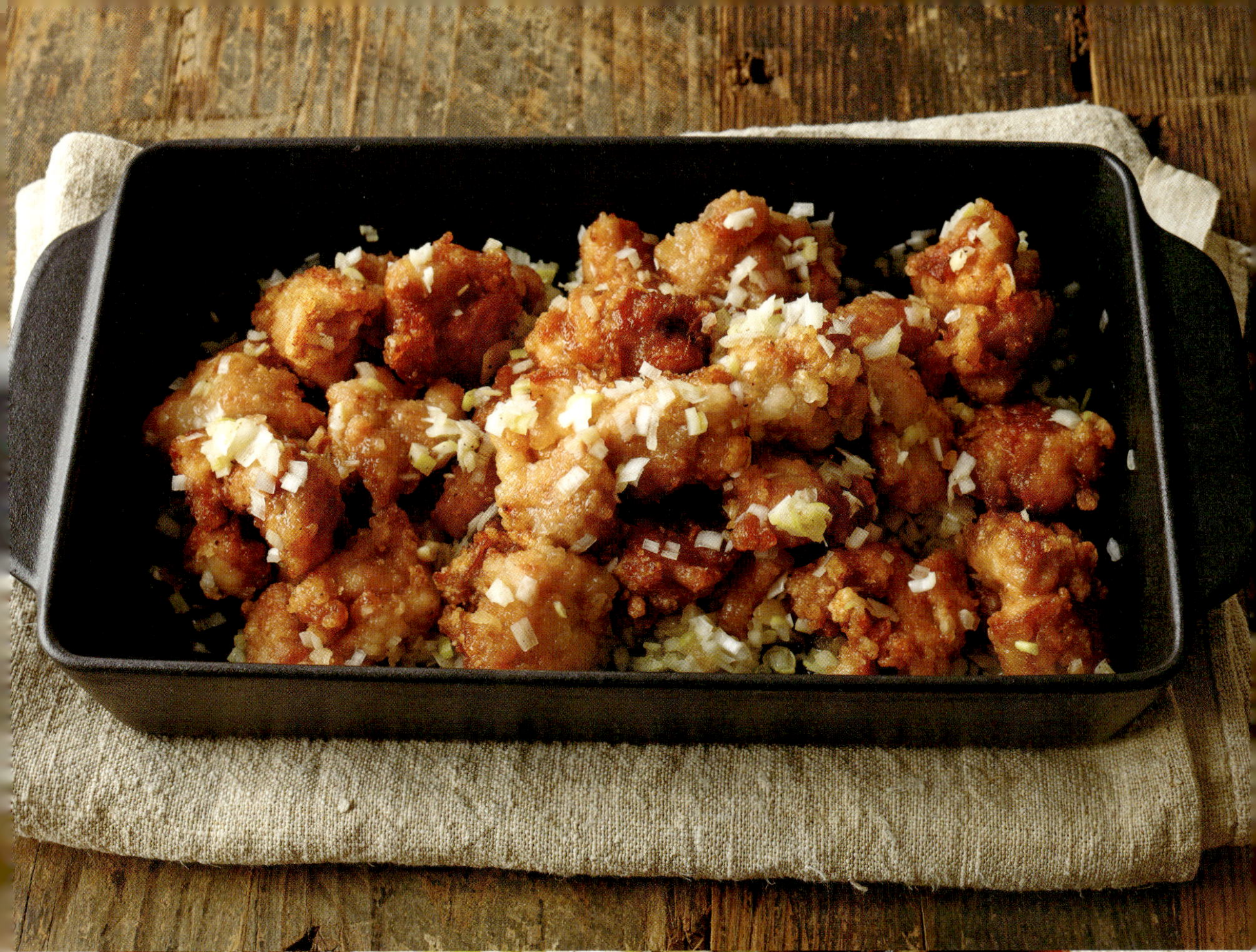

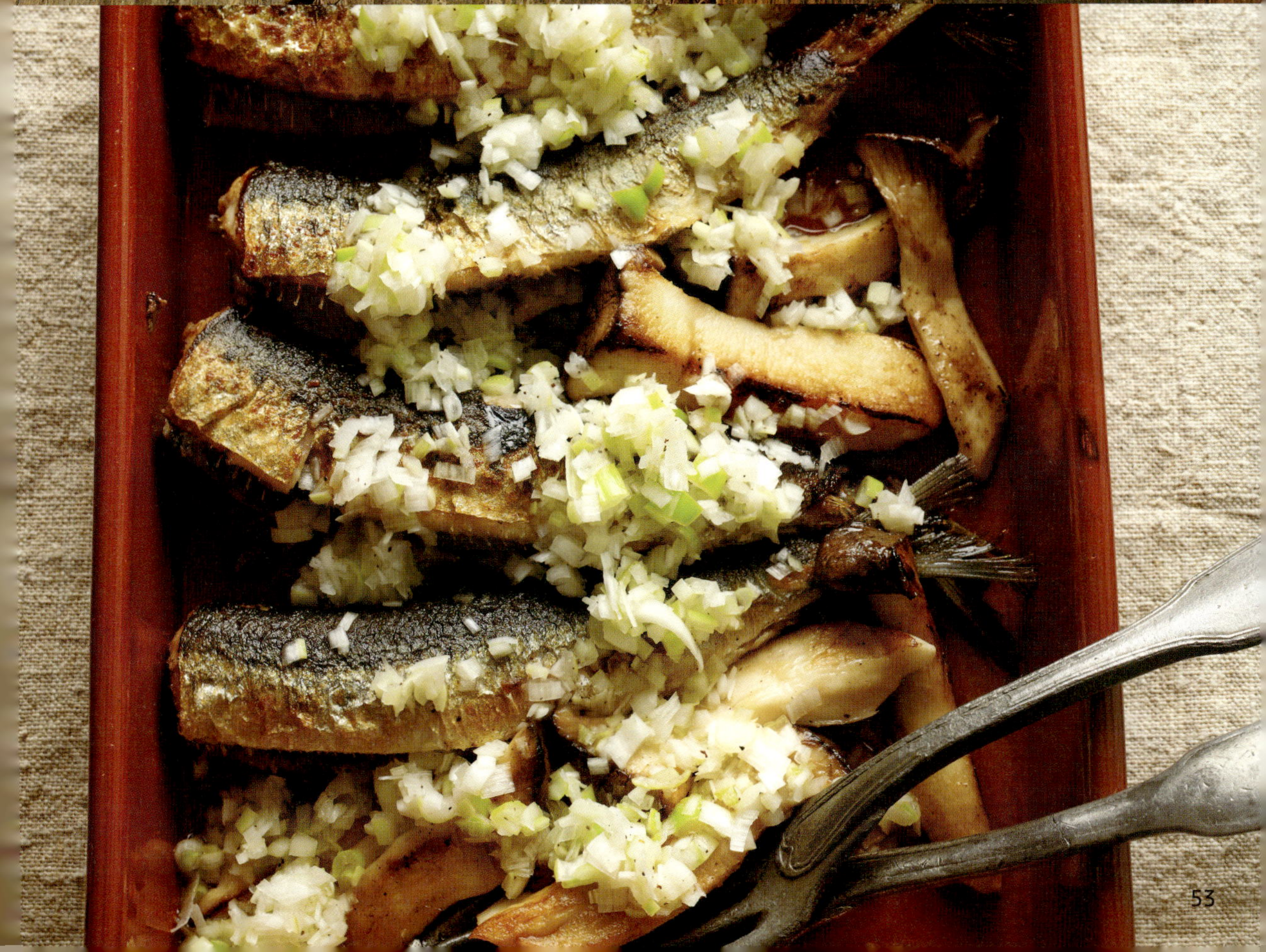

塩ベース

ベースを作る

ベジタブルラビゴットソース

■ 材料（でき上がり約カップ2）
- セロリ …… 1/2本
- きゅうり …… 1本
- パプリカ（黄）…… 1個
- A
  - 塩 …… 小さじ1弱
  - 粗びき黒こしょう …… 適量
  - 白ワインビネガーまたは酢 …… 大さじ1 1/2
  - マスタード …… 小さじ2
  - パセリ（みじん切り）…… 大さじ6
  - 粉チーズ …… 大さじ4
  - オリーブ油 …… 大さじ5

■ 作り方
筋を除いたセロリ、きゅうり、へたと種を除いたパプリカはすべて5mm角に切る。Aと混ぜ、清潔な容器に入れて保存。

Memo
たっぷりの野菜と粉チーズ入りのコクのあるソース。肉や魚を漬け込めば、栄養バランスも彩りもよい一品に。
保存：冷蔵庫で3日

漬ける ❶

ゆでしゃぶしゃぶ肉のマリネ

豚肉をしっとり柔らかくゆでるためには、火加減に注意して。漬けてすぐに食べられます。　**保存：できれば当日中**

■ 材料（2〜3人分）
- **ベジタブルラビゴットソース** …… 1/2量
- 豚薄切り肉（しゃぶしゃぶ用）…… 250g
- 酒 …… 大さじ1

■ 作り方
1. 鍋に湯を沸かして酒を加え、火を弱めて60〜70度を保つ。
2. 豚肉を1枚ずつ入れ、さっとくぐらせたら、キッチンペーパーの上にとる。すべての豚肉をゆで、粗熱をとり、ベジタブルラビゴットソースに漬ける。

漬ける ❷

さばの塩焼き ラビゴットソース漬け

野菜たっぷりのソースをかければ、焼き魚がおしゃれな一品に。ほかに、白身魚やさけでも。30分後から食べられます。
保存：冷蔵庫で2日

■ 材料（2人分）
- **ベジタブルラビゴットソース** …… 1/2量
- さば（三枚におろしたもの）…… 1枚
  - 塩 …… 小さじ1/3
- にんにく（包丁の腹でつぶす）…… 1かけ
- オリーブ油 …… 大さじ1

■ 作り方
1. さばは4つに切り、塩をふって10分ほどおき、水けをふく。
2. フライパンにオリーブ油とにんにくを入れて弱火で炒め、香りが出たらさばを皮目を下にして並べ入れ、中火で両面を2分ずつ焼く。ふたをして、弱めの中火で3分ほど蒸し焼きにし、にんにくとともにベジタブルラビゴットソースに漬ける。

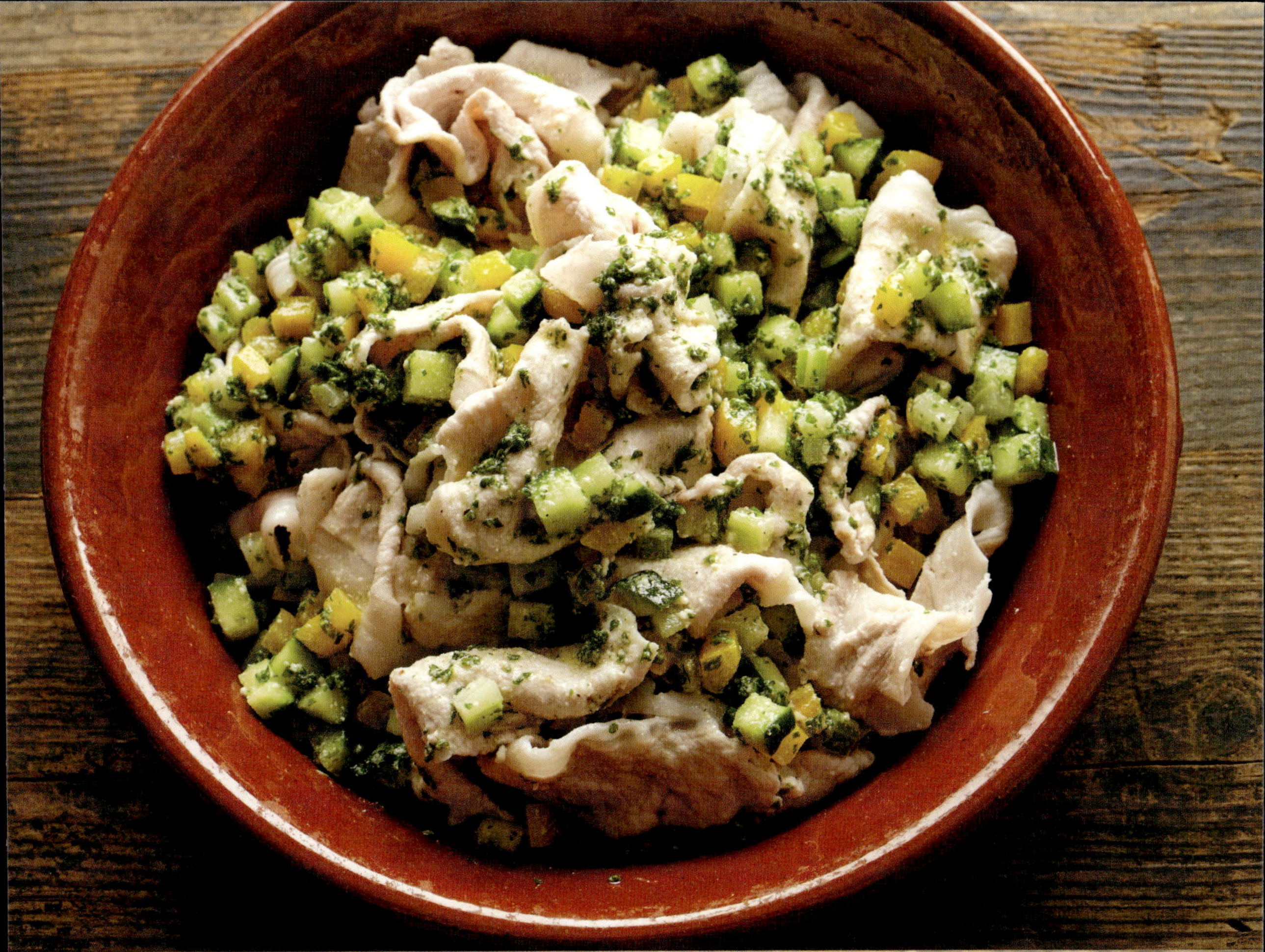

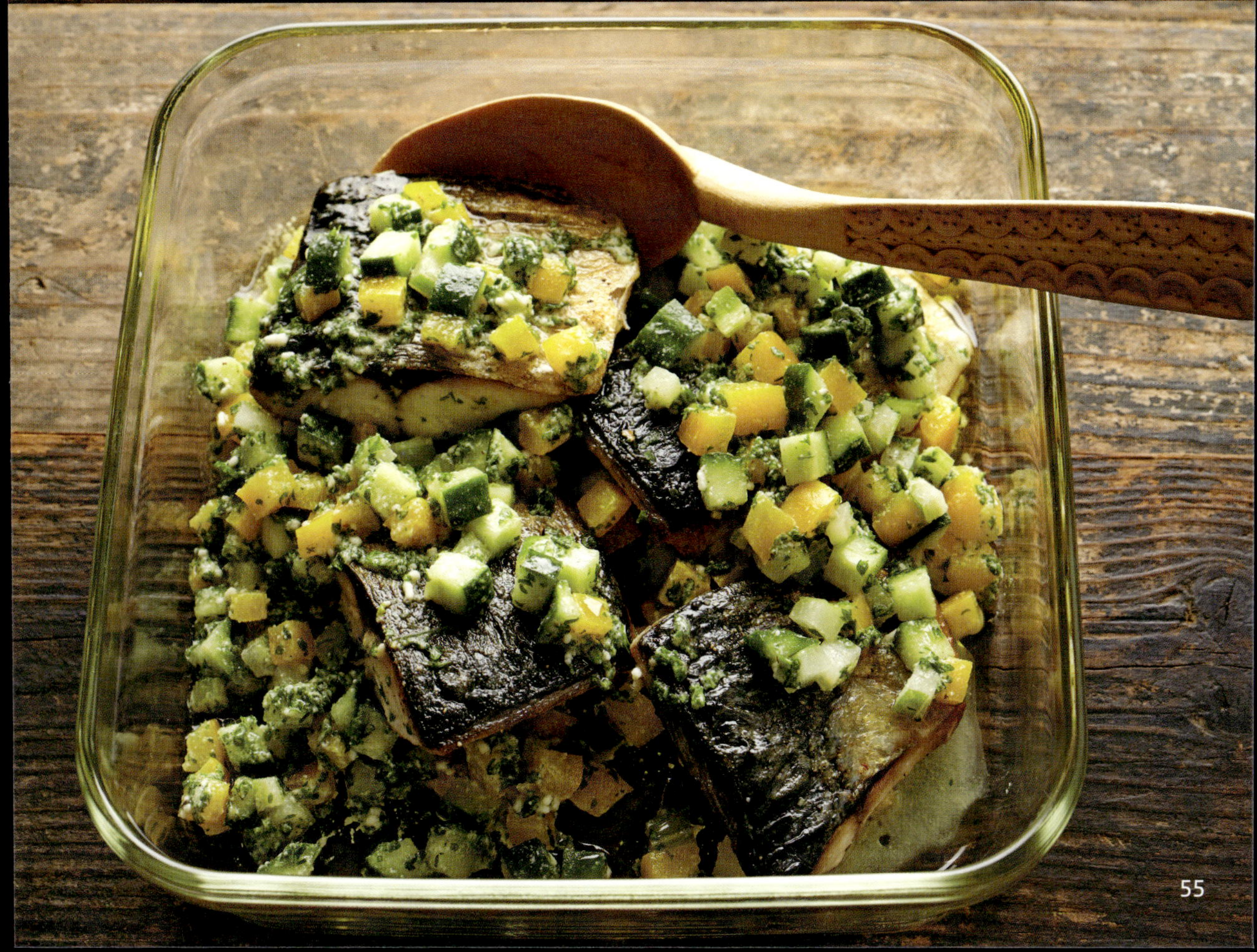

しょうゆベース

ベースを作る

黒酢にらだれ

■ 材料（でき上がり約カップ1）
にら …… 1束
A｜しょうゆ、黒酢 …… 各大さじ4
　｜砂糖、いり白ごま …… 各大さじ2
　｜ごま油、水 …… 各大さじ1
　｜にんにく（みじん切り）…… 1かけ

■ 作り方
1. にらはみじん切りにし、ボウルに入れる。
2. 鍋にAを入れて煮立て、すぐに1に加える。にらがしんなりしたら清潔な容器に入れて保存。

Memo
黒酢とごまで、コクのあるたれに。にらが調味料となじみ、日がたつにつれて味わい深くなります。
保存：冷蔵庫で3日

漬ける ❶
豆あじのから揚げ

小さなあじは、カリッと揚げて丸ごとどうぞ。ほかに揚げた魚や野菜など幅広く合い、漬けてすぐに食べられます。　保存：冷蔵庫で2日

■ 材料（2〜3人分）
黒酢にらだれ …… 1/2量
豆あじ …… 16〜20尾
塩、こしょう …… 各適量
A｜片栗粉、小麦粉 …… 各大さじ2
揚げ油 …… 適量

■ 作り方
1. 豆あじはえらとわたを除き、塩水（水カップ2＋塩小さじ2）でさっと洗い、さらに流水で洗う。水けをふき、塩小さじ1/3、こしょうをふり、混ぜたAをまぶす。
2. 中温（170度）の揚げ油に1を入れ、中火で5〜6分揚げる。火を強めて温度を上げ、1分ほど揚げて油をきる。熱いうちに黒酢にらだれに漬ける。

漬ける ❷
手羽先グリル　黒酢にらだれ漬け

こんがりと焼いた骨つき肉に、にらの風味がぴったり。ほかに根菜類もおすすめで、漬けてすぐに食べられます。　保存：冷蔵庫で3日

■ 材料（2〜3人分）
黒酢にらだれ …… 1/2量
手羽先 …… 6本
さやいんげん …… 10本
塩 …… 小さじ1/4
こしょう …… 適量

■ 作り方
1. 手羽先の皮が薄い側に、骨に沿って切り込みを入れ、塩、こしょうをふる。さやいんげんはへたを除く。
2. 魚焼きグリル（両面焼き）を温め、1を並べて中火で6〜7分焼く。片面焼きの場合は5分ほど焼いて返し、さらに3分ほど焼く。熱いうちに黒酢にらだれに漬ける。

盛りつけるときは、さやいんげんも一緒に。

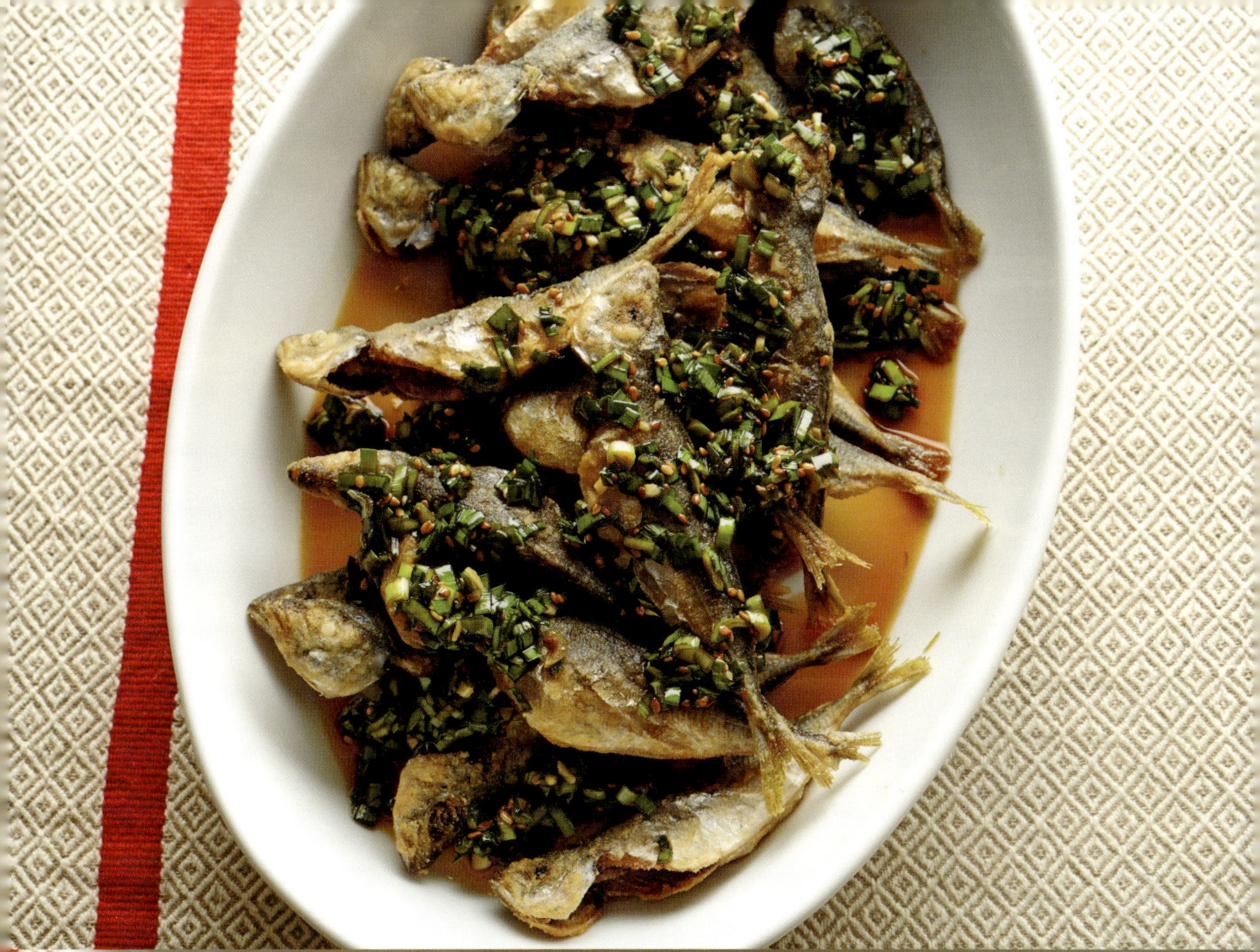
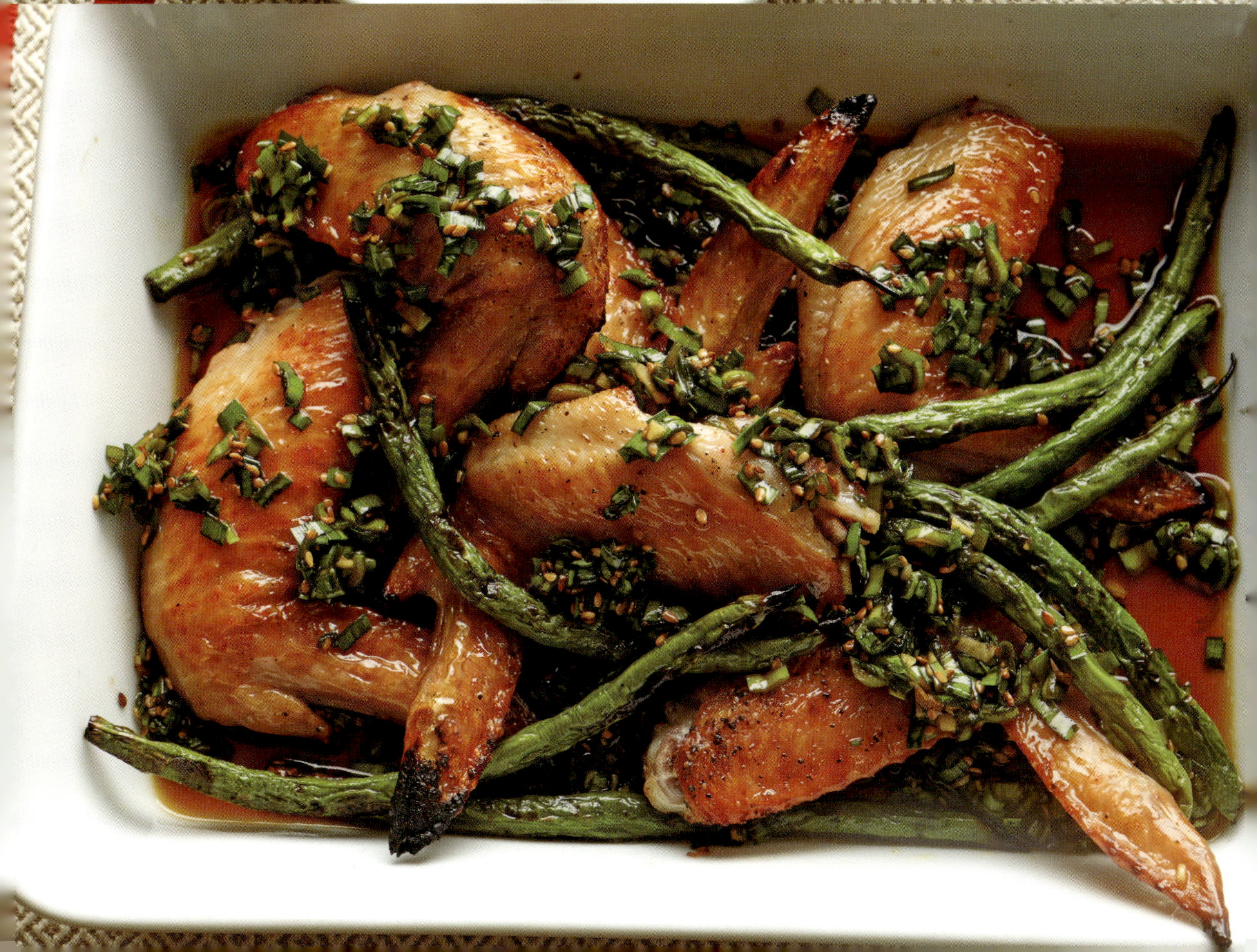

めんつゆベース

ベースを作る

トマトめんつゆ

■ 材料（でき上がり約カップ1½）
トマト（完熟）…… 2個
A ┃ めんつゆ（ストレート）…… カップ½
　 ┃ 酢 …… 大さじ2

■ 作り方
トマトは皮ごとすりおろし、最後にへたを除く。Aと混ぜ、清潔な容器に入れて冷蔵庫で保存。

Memo
トマトを皮のまますりおろし、めんつゆと混ぜるだけ。トマトの酸味でさっぱりしつつ、めんつゆベースなのでご飯にも合います。
保存：冷蔵庫で3日

へたと皮が少し残るくらいまで、すりおろして。

漬ける ❶
カリカリ揚げ豚のトマトめんつゆ漬け

豚ばら肉は切らずに長いまま揚げても、縮んで食べやすい長さに。漬けてすぐに食べられます。　保存：できれば当日中

■ 材料（2～3人分）
トマトめんつゆ …… ½量
豚ばら薄切り肉 …… 200g
にんじん …… ⅓本
塩、こしょう …… 各適量
片栗粉、揚げ油 …… 各適量

■ 作り方
1　にんじんは皮をむいて3cm長さに切り、せん切りにする。

2　豚肉は塩、こしょうをふり、10分ほどおいて水けをふく。片栗粉を薄くまぶし、中温（170度）の揚げ油に入れて、カリッとするまで2分ほど揚げる。熱いうちに、1とともにトマトめんつゆに漬ける。

漬ける ❷
ゆで鶏のトマトめんつゆ漬け

淡泊なゆで鶏に、甘辛味がよく合います。鶏のゆで汁はスープやめん類、炊き込みご飯などに活用を。漬けてすぐに食べられます。
保存：冷蔵庫で2日

■ 材料（2～3人分）
トマトめんつゆ …… ½量
鶏胸肉 …… 大1枚（約250g）
パプリカ（黄）…… ½個
塩 …… 小さじ½
A ┃ 長ねぎの青い部分（たたいてつぶす）…… 1本分
　 ┃ しょうが（皮つき／薄切り）…… 2枚
　 ┃ 酒 …… 大さじ1
　 ┃ 水 …… カップ4

■ 作り方
1　鶏肉は塩をまぶし、Aとともに鍋に入れる。強火にかけ、あくが浮いてきたら取り除き、ごく弱火で沸騰させないようにして5分ほどゆでる。火を止めてふたをし、そのまま冷ます。鶏肉の汁けをふき、手で裂く。

2　パプリカは縦半分に切り、さらに横に薄切りにする。1とともに、トマトめんつゆに漬ける。

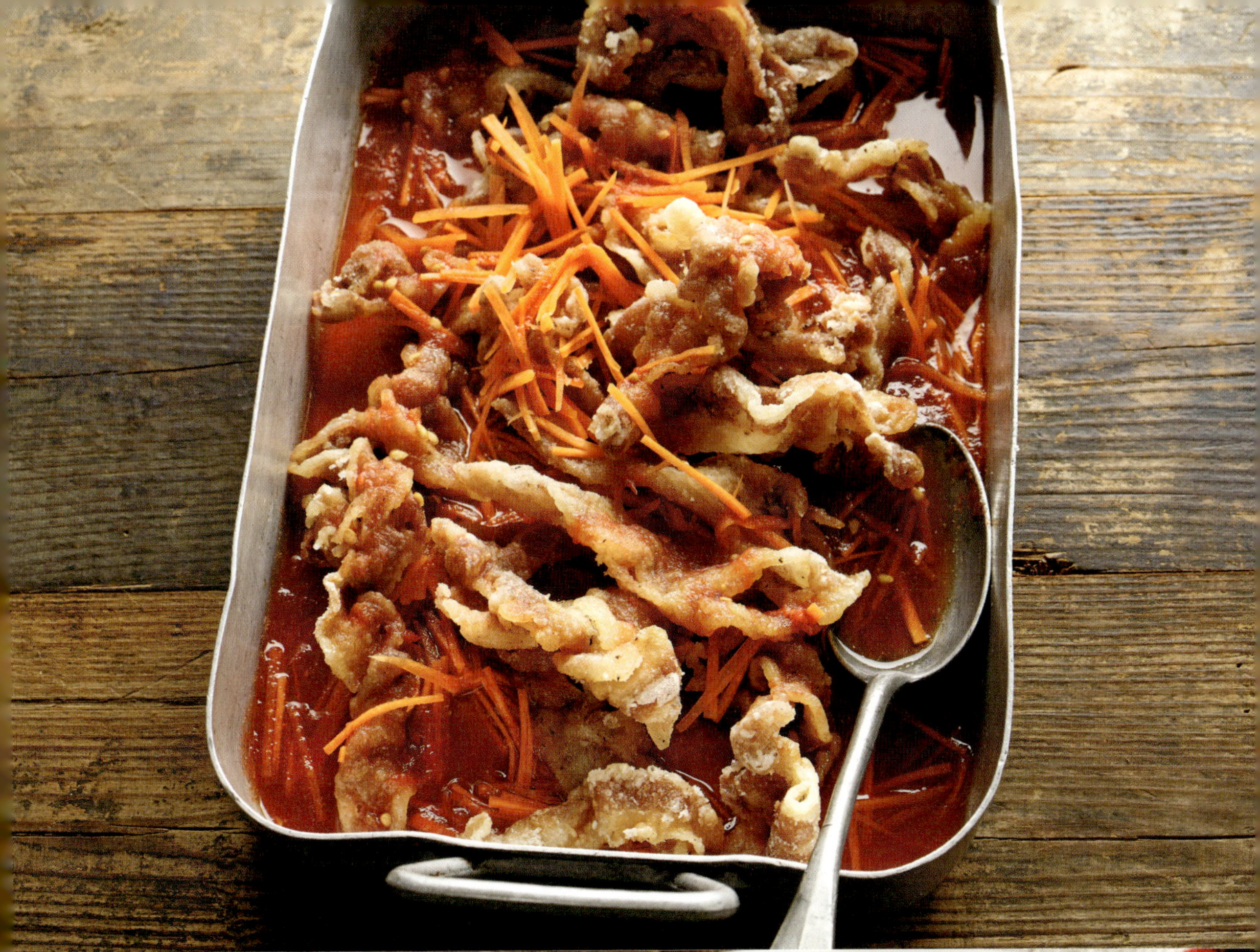

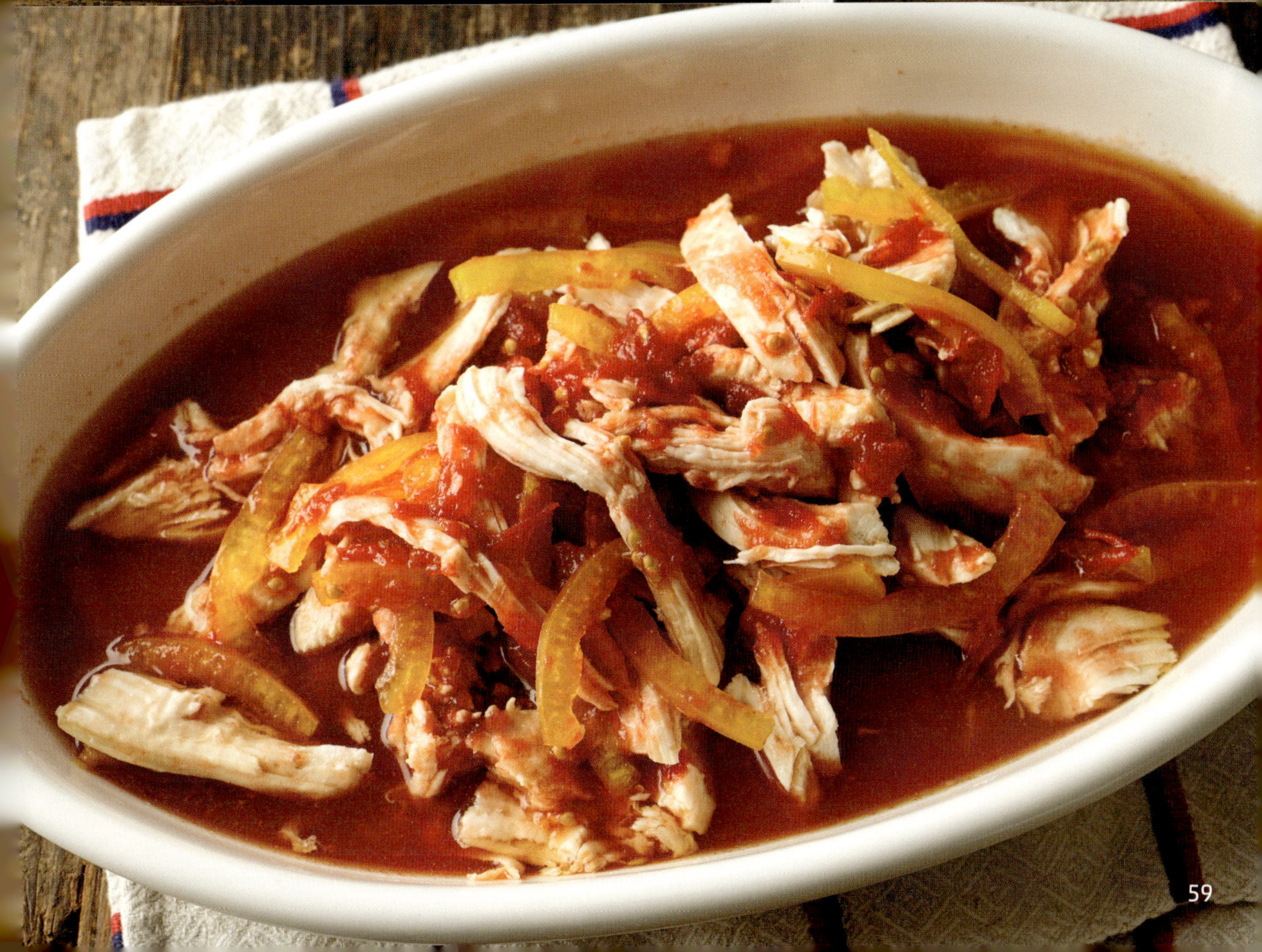

ケチャップベース

ベースを作る

はちみつケチャップソース

材料（でき上がり約カップ1）
トマトケチャップ …… 150g
はちみつ …… 大さじ1½
しょうゆ …… 大さじ1½
しょうが（すりおろす）…… 2かけ
オリーブ油 …… 大さじ3

作り方
鍋に材料を入れてさっと煮立て、冷まして清潔な容器に入れ、冷蔵庫で保存。

Memo
しょうがを加えると、味が締まります。混ぜるだけでもできますが、さっと火を通すと傷みにくくなります。

保存：冷蔵庫で3日

漬ける ❶
肉だんごのはちみつケチャップソース漬け

肉だんごを揚げるとき、パプリカやいんげんなど野菜を一緒に揚げて漬けても。漬けてすぐに食べられます。　**保存：冷蔵庫で2日**

材料（2～3人分）
はちみつケチャップソース …… ½量
豚ひき肉 …… 300g
A ｜ 塩、こしょう …… 各適量
　｜ しょうゆ …… 小さじ½
　｜ 酒、片栗粉 …… 各大さじ1
揚げ油 …… 適量

作り方
1　ボウルにひき肉を入れ、**A**を加えてよく練り混ぜ、12等分して丸める。
2　中温（170度）の揚げ油に**1**を入れ、3分ほど揚げて返し、さらに2分揚げる。最後に火を強めて温度を上げ、1分ほど揚げて油をきり、はちみつケチャップソースに漬ける。

漬ける ❷
焼き肉のはちみつケチャップソース漬け

冷めると脂が固まるので、肉から出る脂はふき取って。牛肉や鶏肉でもよく、野菜も好みのもので。30分後から食べられます。
保存：冷蔵庫で2日

材料（2～3人分）
はちみつケチャップソース …… ½量
豚ばら肉（焼き肉用）…… 250g
長ねぎ …… 1本
塩 …… 小さじ⅙
こしょう …… 適量
オリーブ油 …… 小さじ1

作り方
1　豚肉は塩、こしょうをふる。長ねぎは長さを半分に切り、さらに縦4等分に切る。
2　フライパンにオリーブ油を熱し、豚肉を広げて入れ、中火で両面を2分ずつ焼く。出てきた脂はキッチンペーパーでふき取る。長ねぎを空いたところに入れて焼き色がつくまで焼き、豚肉とともにはちみつケチャップソースに漬ける。

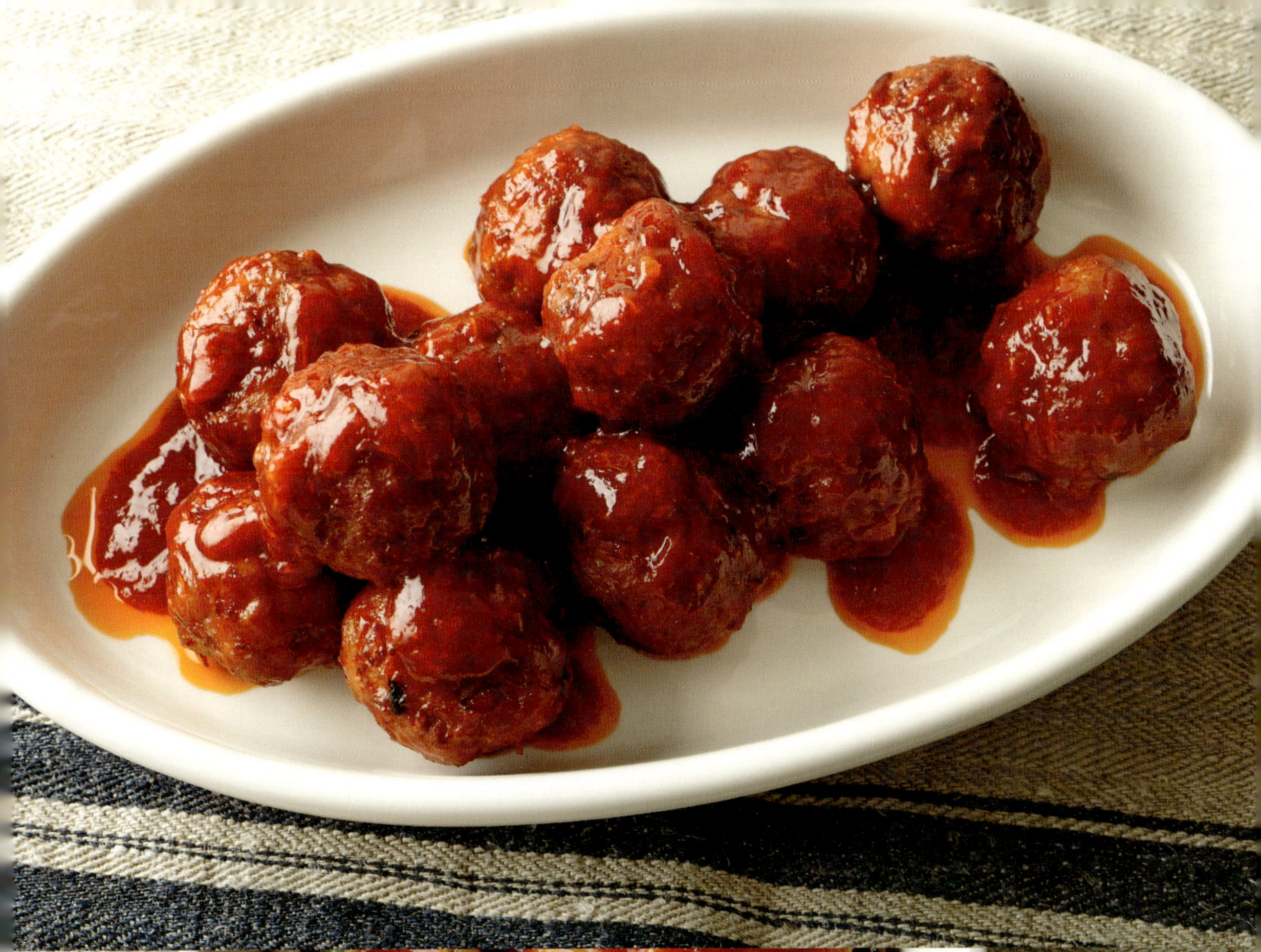

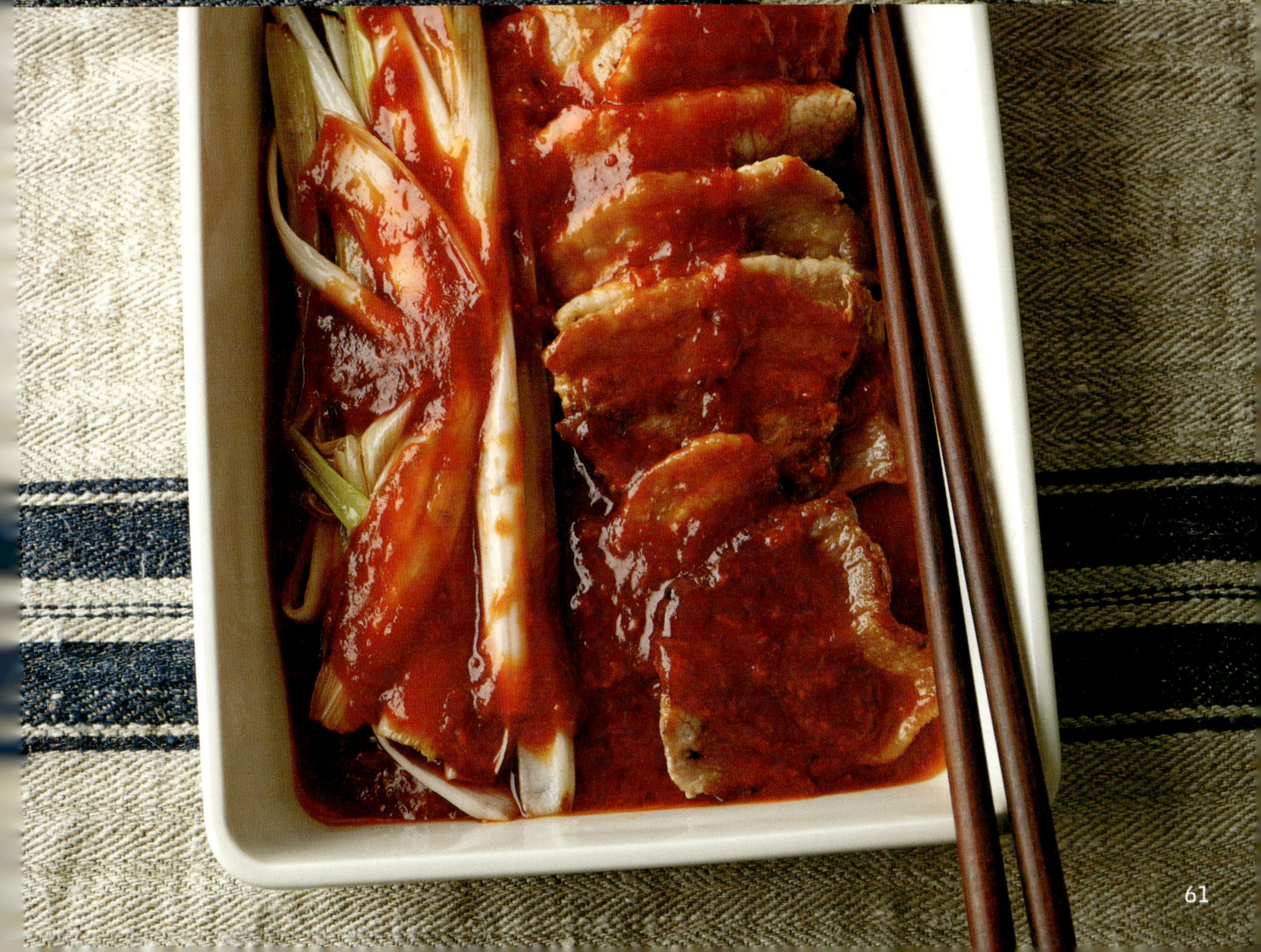

Column 3

刺身を漬ける

しょうゆやオイルに漬けると、生とは違う味わいに。
そのままでも、サラダなどにアレンジしてもおいしい。

まぐろのわさび漬け

◉材料（作りやすい分量）と作り方
まぐろの赤身1さく（200g）または刺身用2人分は、保存袋またはポリ袋に入れ、おろしわさび小さじ1/2、しょうゆ、酒、オリーブ油各大さじ1、みりん小さじ2を加えて軽くもみ込み、空気を抜いて口を閉じて漬ける。
Memo：冷蔵庫で保存し、1時間後から食べられる。
日持ち：2日

づけ丼に

温かいご飯にいり白ごまを混ぜて器に盛り、もみのりを散らし、まぐろのわさび漬けを薄切りにしてのせ、青みに貝割れ菜を添える。

白身魚の塩麹漬け

◉材料（作りやすい分量）と作り方
白身魚（たいなど）1さくまたは刺身用2人分（200g）は、保存袋またはポリ袋に入れ、塩麹大さじ2、レモン汁大さじ1を加えて軽くもみ込み、空気を抜いて口を閉じて漬ける。
Memo：冷蔵庫で保存し、30分後から食べられる。
日持ち：2日

刺身のっけサラダ

白身魚の塩麹漬けを薄切りにし、ベビーリーフと器に盛り、好みのドレッシング（P.76〜79参照）をかける。

サーモンの塩漬け

◉材料（作りやすい分量）と作り方
刺身用サーモン1さく（200g）は保存袋またはポリ袋に入れ、塩、グラニュー糖各大さじ1を加え、軽くもみ込んで両面に広げ、空気を抜いて口を閉じて漬ける。
Memo：冷蔵庫で保存し、翌日から食べられる。出てきた水分は、そのつど捨てる。
日持ち：3日

サーモン、アボカドタルタル

サーモンの塩漬け、アボカドは角切りにし、玉ねぎのみじん切りとマヨネーズ＋レモン汁であえて、サラダ菜などにのせて器に盛る。

ゆでて漬ける

4章

漬ける
サブおかず

野菜を中心にしたおかずです。
生のままや加熱して、
好みの味に漬けておきます。
メインのおかずに組み合わせたり、
お弁当のおかずにしたりと、
毎日使えますよ。

焼いて漬ける

塩ベース

塩きのこ

■ 材料（2〜3人分）
しめじ …… 1パック（約100g）
えのきだけ …… 2袋（約200g）
エリンギ …… 2本
昆布 …… 5cm
A ｜ 塩 …… 小さじ1弱
　｜ レモン汁 …… 大さじ1

■ 漬ける
1. きのこはすべて根元を除く。しめじはほぐし、えのきだけは長さを半分に切り、エリンギは長さを半分にして薄切りにする。昆布は5mm角に切る。
2. 鍋に湯を沸かし、きのこを入れて2分ほどゆで、ざるに上げて水けをきる。熱いうちに昆布、Aと混ぜて漬ける。

Memo
きのこが熱いうちに混ぜると味がよくなじみ、昆布は小さく切って加えるとうまみが早くまわります。

保存：冷蔵庫で3日

セロリの塩さんしょう漬け

■ 材料 (2〜3人分)
セロリ …… 2本 (約200g)
A ┃ 塩 …… 少々
　 ┃ オリーブ油 …… 小さじ1
B ┃ レモン汁、オリーブ油 …… 各大さじ1
　 ┃ 塩 …… 小さじ1/3
　 ┃ 粉ざんしょう …… 小さじ1/2

■ 漬ける
1　セロリは筋を除き、1cm幅の斜め切りにする。葉はざく切りにする。
2　鍋に湯を沸かし、Aを加えて1をさっとゆでる。ざるに上げて水けをきり、Bと混ぜて漬ける。

Memo
セロリはゆでずに、塩少々でもむと、さっぱりした味になります。
保存：冷蔵庫で3日

わかめの塩炒めナムル

■ 材料 (4人分)
わかめ (塩蔵) …… 100g
にんにく (粗みじん切り) …… 1かけ
ごま油 …… 小さじ2
A ┃ 塩 …… 小さじ1/3
　 ┃ 粗びき黒こしょう …… 適量
　 ┃ すり白ごま …… 大さじ1 1/2
　 ┃ ごま油 …… 大さじ1

■ 漬ける
1　わかめは塩を洗い流し、水につけてもどし、食べやすく切る。
2　フライパンにごま油とにんにくを入れて弱火で炒め、香りが出たら1を加えて中火で1分30秒ほど炒める。Aを加え、さっと炒める。

Memo
にんにくとごまで、パンチがきいた味に。わかめは炒めるとはねやすいので、注意して。
保存：冷蔵庫で3日

しょうゆベース

焼きトマトのガーリックしょうゆ漬け

■ 材料（2～3人分）
ミニトマト …… 2パック（約30個）
にんにく（包丁の腹でつぶす）
　…… 1かけ
A ｜ しょうゆ、バルサミコ酢
　　　…… 各大さじ1
　｜ オリーブ油 …… 大さじ2
　｜ はちみつ …… 小さじ1
塩 …… 小さじ1/4
こしょう …… 適量
オリーブ油 …… 小さじ2

■ 漬ける
1　ミニトマトはへたを除く。
2　フライパンにオリーブ油とにんにくを入れて弱火にかけ、香りが出たら中火にして**1**を加える。塩、こしょうをふって皮がはじけるまで2分ほど炒め、**A**を混ぜて加え、軽くとろみがつくまで炒める。

Memo
トマトは皮がはじけるまでしっかり炒めると、味がよくなじみます。
保存：冷蔵庫で3日

さつま芋の中華だれ漬け

■ **材料**（2〜3人分）
さつま芋 …… 1本（約350g）
A ┃ しょうゆ …… 大さじ2
　┃ 砂糖 …… 小さじ2
　┃ 酢 …… 大さじ1
　┃ 長ねぎ（粗みじん切り）…… 1/3本
サラダ油 …… 適量

■ **漬ける**
1 さつま芋は皮つきのまま一口大の乱切りにして水に5分ほどさらし、水けをふく。
2 フライパンに1を入れ、サラダ油を深さ2cmくらいまで注いで中火にかけ、こんがりするまで6〜7分揚げ、油をきる。Aを混ぜ、熱いうちに漬ける。

Memo
さつま芋は油が冷たいところから徐々に温度を上げていくと、ほっくりカラリと揚がります。
保存：冷蔵庫で3日

しょうゆベース

大根の甘辛しょうゆ漬け

■ **材料**（2〜3人分）
大根 …… 1/3本（約300g）
A ｜ しょうゆ …… 大さじ2〜2 1/2
　｜ みりん、ごま油 …… 各大さじ2
　｜ しょうが（皮つき／薄切り）…… 2枚
ごま油 …… 小さじ2

■ **漬ける**
1　大根は皮つきのまま1cm厚さの半月切りにし、片面に格子状に切り込みを入れる。
2　フライパンにごま油を熱し、1を並べて強めの中火で両面を5分ずつ焼く。竹串を刺して固い場合は、ふたをして弱火で3分ほど蒸し焼きにする。Aを混ぜ、熱いうちに漬ける。

Memo
ごま油で焼きつけるので、大根の炒め物と漬物の間といった感じです。
保存：冷蔵庫で3日

炒めきゅうりの しょうゆ漬け

■ 材料 (2～3人分)
きゅうり …… 4本
塩、砂糖 …… 各少々
A ┃ しょうゆ …… 大さじ3
　┃ みりん …… 大さじ2
　┃ 酢 …… 大さじ1
　┃ しょうが (せん切り) …… 1かけ
　┃ 赤唐辛子 (小口切り) …… 1本
ごま油 …… 小さじ1

■ 漬ける
1. きゅうりは縞目(しまめ)に皮をむき、1cm厚さの輪切りにする。ボウルに入れて塩と砂糖をふり、10分ほどおいて水けをギュッと絞る。
2. フライパンにごま油を熱し、1を入れて中火で2～3分炒め、ボウルに取り出して水けをふく。Aを混ぜ、熱いうちに漬ける。

Memo
きゅうりは塩と砂糖をふり、よく絞ってから炒め、さらに水けをふくと水っぽくなりません。
保存：冷蔵庫で3日

れんこんのからし じょうゆ漬け

■ 材料 (2～3人分)
れんこん …… 大1節 (約300g)
A ┃ しょうゆ …… 大さじ2
　┃ 練りがらし …… 小さじ2
　┃ 砂糖 …… 小さじ1
　┃ だし汁 …… カップ1/2
酒 …… 大さじ1
オリーブ油 …… 小さじ2

■ 漬ける
1. れんこんは皮をむいて乱切りにし、水に5分ほどさらし、水けをふく。
2. フライパンにオリーブ油を熱し、1を入れて中火で3分ほど炒める。酒をふって弱火にし、ふたをしてさらに3分ほど蒸し焼きにする。Aを混ぜ、熱いうちに漬ける。

Memo
れんこんは焼き色がつくまで炒めると、香ばしくなっておいしさがアップします。
保存：冷蔵庫で4日

しょうゆベース

揚げなすのバルサミコしょうゆ漬け

■ **材料**（2〜3人分）
なす ……4本
A
- しょうゆ、バルサミコ酢、はちみつ ……各大さじ1
- 赤ワインビネガーまたは酢 ……小さじ2
- オリーブ油 ……大さじ3
- にんにく（すりおろす）……1かけ

揚げ油 ……適量

■ **漬ける**

1 なすは乱切りにして水に5分ほどさらし、水けをふく。中温（170度）の揚げ油に入れて3分ほど揚げ、油をきる。

2 キッチンペーパーで1の油をふき取る。Aを混ぜ、熱いうちに漬ける。

Memo
しょうゆとバルサミコ酢は相性がよく、甘酸っぱくもコクのある味わいに。
保存：冷蔵庫で3日

切り干し大根と昆布の ハリハリ漬け

■ 材料（2〜3人分）
切り干し大根（乾燥）…… 80g
昆布 …… 5cm
A ┃ しょうゆ、酢、みりん …… 各カップ1/4
　┃ 砂糖 …… 大さじ1 1/2
　┃ 赤唐辛子（小口切り）…… 1本

■ 漬ける
1. 昆布はかぶるくらいの水に10分ほどつけ、細く切る。昆布水は大さじ3を残す。
2. 切り干し大根は洗って水に5分ほどつけてさっとゆで、ざるに上げて冷まし、水けを絞る。
3. Aのみりんは耐熱容器に入れ、電子レンジに30秒かけてアルコール分をとばす。残りのA、1の昆布水を加えて混ぜ、2、昆布を漬ける。

Memo
切り干し大根で作る定番の漬物。カリカリした歯ざわりが魅力です。
保存：冷蔵庫で4日

ごぼうの南蛮漬け

■ 材料（2〜3人分）
ごぼう …… 1本（約180g）
めんつゆ（3倍濃縮）…… 大さじ1
A ┃ しょうゆ、酢、みりん …… 各大さじ3
　┃ 砂糖 …… 大さじ2
　┃ だし汁 …… カップ1
　┃ しょうが（せん切り）…… 1/2かけ
　┃ 赤唐辛子（小口切り）…… 1本
片栗粉 …… 適量
揚げ油 …… 適量

■ 漬ける
1. ごぼうは3cm長さに切って水に5分ほどさらし、水けをふく。めんつゆをからめ、5分ほどおく。
2. 1に片栗粉をまぶし、中温（170度）の揚げ油に入れて5分ほど揚げる。竹串を刺してすっと通れば、油をきる。Aを混ぜ、熱いうちに漬ける。

Memo
ごぼうは粉をまぶして揚げるので、たれがよくからみます。
保存：冷蔵庫で4日

マヨネーズベース

せん切りじゃが芋の明太マヨ漬け

■ **材料**（2〜3人分）
じゃが芋 …… 2個（約300g）
明太子（薄皮を除いて）…… 大さじ1
A ┃ マヨネーズ …… 大さじ4
　┃ レモン汁 …… 小さじ1
　┃ 塩、こしょう …… 各適量

■ **漬ける**

1　明太子とAは混ぜ合わせる。

2　じゃが芋は皮をむいてせん切りにし、水を2〜3回かえながらさらす。鍋に湯を沸かして塩約小さじ1（分量外）を加え、じゃが芋を30秒〜1分ゆでて、ざるに上げる。水けをふき、1と混ぜて漬ける。

Memo
じゃが芋は歯ごたえが残るくらいにさっとゆでて。明太子の辛みがアクセントです。
保存：冷蔵庫で2日

揚げ里芋のみそマヨ漬け

■ 材料（2～3人分）
里芋 …… 6個（正味350g）
A ┃ マヨネーズ …… 大さじ2
　 ┃ みそ …… 大さじ1
　 ┃ ウスターソース …… 小さじ1
揚げ油 …… 適量

■ 漬ける
1 里芋は皮をむき、塩（分量外）をたっぷりまぶしてもんでぬめりを除き、水で洗う。
2 水けをふいて2～3等分に切り、中温（170度）の揚げ油に入れて6～7分揚げ、油をきる。Aを混ぜ、熱いうちに漬ける。

Memo
素揚げにした里芋のねっとりした口当たりに、こっくりしたみそマヨ味がぴったり。
保存：冷蔵庫で4日

いんげんのごまマヨ漬け

■ 材料（2～3人分）
さやいんげん …… 2袋（24本）
A ┃ マヨネーズ …… 大さじ3
　 ┃ すり白ごま …… 大さじ1
　 ┃ しょうゆ …… 小さじ1/2
七味唐辛子 …… 適宜

■ 漬ける
1 さやいんげんは、へたを除く。鍋に湯を沸かして塩少々（分量外）を加え、さやいんげんを2分ほどゆで、ざるに上げて冷ます。
2 斜めに3等分に切り、Aを混ぜて漬ける。食べるときに好みで七味唐辛子をふる。

Memo
マヨネーズにしょうゆを少し加えるとご飯に合う味になるので、お弁当にもおすすめ。
保存：冷蔵庫で3日

粒マスタードベース

ひじきと大豆の粒マスタード漬け

■ 材料（4人分）
芽ひじき（乾燥）…… 20g
大豆水煮（缶詰）…… 100g
にんにく（粗みじん切り）…… 1/2かけ

A
粒マスタード、ごま油
　…… 各大さじ2
酢 …… 大さじ1
しょうゆ …… 大さじ1/2
砂糖 …… 小さじ1/3

オリーブ油 …… 小さじ2
青じそ …… 5枚

■ 漬ける

1. ひじきはさっと洗い、水に5分ほどつけてもどし、水けをきる。大豆はざるに入れ、熱湯を回しかける。

2. フライパンにオリーブ油とにんにくを入れて弱火にかけ、香りが出たら中火にして1を加え、2〜3分炒める。火を止めてAを加え、さっと混ぜて漬ける。食べるときに青じそを手でちぎって加え、器に盛る。

Memo
ひじきと大豆でサラダ風に。ひじきは炒めるので、水でもどす時間は5分でOK。
保存：冷蔵庫で3日

アボカドの粒マスタード漬け

■ 材料（2〜3人分）
アボカド …… 1個
A
- 粒マスタード …… 大さじ1
- レモン汁 …… 小さじ2
- しょうゆ …… 小さじ½
- 塩、こしょう …… 各適量
- すり白ごま …… 小さじ2

■ 漬ける
アボカドは縦にクルリと切り込みを入れてねじり、半分に割って種を除く。皮をむいて2cm角に切り、Aを混ぜて漬ける。

Memo
味に問題はありませんが、アボカドは時間がたつと変色してくるので、早めに食べきります。

保存：冷蔵庫で2日

キャロットラペ

■ 材料（4人分）
にんじん …… 2本（約400g）
くるみ、レーズン …… 各30g
パセリ（みじん切り）…… 大さじ2

フレンチドレッシング
　白ワインビネガーまたは酢
　　　…… 大さじ2
　塩 …… 小さじ1/2
　こしょう …… 適量
　砂糖 …… 1つまみ
　にんにく（すりおろす）…… 少々
　オリーブ油 …… 大さじ3

■ 漬ける
1　ドレッシングの材料はよく混ぜる。
2　にんじんは皮をむいて4cm長さに切り、せん切りにする。塩小さじ1/3（分量外）をふり、10分ほどおいて水けを絞る。くるみはフライパンでいって、粗く刻む。
3　ボウルに2、パセリ、レーズンを入れ、1を加えてよく混ぜて漬ける。

Memo
フレンチドレッシングに漬ける、にんじんサラダの定番。シンプルにするならにんじんとパセリだけでも。
保存：冷蔵庫で3日

ゆでキャベツのコールスロー

■ 材料（2〜3人分）
キャベツ …… 1/4個（約250g）

ヨーグルトドレッシング
  ヨーグルト、オリーブ油
    …… 各大さじ2
  はちみつ …… 小さじ1
  塩 …… 小さじ1/3
  こしょう …… 適量
  レモン汁 …… 大さじ4

■ 漬ける
1. ドレッシングの材料はよく混ぜる。
2. キャベツは3cm四方に切る。鍋に湯を沸かし、塩小さじ1（分量外）を加え、キャベツを入れて1分30秒ほどゆで、ざるに上げて冷ます。粗熱がとれたら水けをよく絞り、1を加えてよく混ぜて漬ける。

Memo
ゆでたキャベツは、水にとらずにざるに上げると水っぽくなりません。
保存：冷蔵庫で3日

ドレッシングベース

かぼちゃのハニーフレンチドレ漬け

■ 材料（4人分）
かぼちゃ …… 300g

ハニーフレンチドレッシング
　はちみつ …… 小さじ2
　フレンチマスタード …… 小さじ1
　白ワインビネガー …… 大さじ1
　塩 …… 小さじ1/3
　こしょう …… 適量
　オリーブ油 …… 大さじ3

■ 漬ける

1　ドレッシングの材料はよく混ぜる。

2　かぼちゃは1cm幅のくし形に切り、耐熱容器に並べる。水少々をかけて、ふんわりとラップをかけて電子レンジに3〜4分かける。

3　かぼちゃの水けをきってバットなどに並べ、熱いうちに1をかけて漬ける。

Memo
ほんのり甘いドレッシングで、かぼちゃを漬け込みます。肉料理のつけ合わせなどにもおすすめ。
保存：冷蔵庫で3日

ミックスビーンズのパセリドレ漬け

■ 材料 (2〜3人分)
ミックスビーンズ（ドライパック）
　……150g

パセリドレッシング
　玉ねぎ（みじん切り）……1/4個
　パセリ（みじん切り）……大さじ2
　酢……大さじ1
　塩……小さじ1/3
　こしょう……適量
　粉チーズ……小さじ2
　オリーブ油……大さじ2

■ 漬ける
1 ドレッシングの玉ねぎは水にさらして水けをきり、ほかの材料とよく混ぜる。
2 ミックスビーンズはざるに入れ、さっと熱湯を回しかける。ボウルに入れて1を加え、混ぜて漬ける。

Memo
玉ねぎ、パセリ入りで、甘みも香りも強いドレッシング。豆のほかに、ゆでたじゃが芋やアボカドなどでも。
保存：冷蔵庫で4日

堤 人美（つつみ・ひとみ）

京都府出身。出版社を退社後、友人の食堂を手伝った際に「おいしい」と言われる喜びを知り、"料理を仕事にしよう"と目指すことに。その後、料理家のアシスタントを経て独立。書籍や雑誌でレシピを紹介するほか、企業のレシピ開発や、CMの料理製作なども手がける。身近な食材を使いながら、素材の切り方、盛りつけなどにも工夫を凝らし、センスのよいレシピは幅広い世代に人気がある。
近著に『チョップ＆トスサラダ』（新星出版社）、『自分に、大切な人に作ってあげたくなるごはん』（主婦の友社）、『家族のためのお留守番ごはん』（オレンジページ）など。

Staff
アートディレクター	釜内由紀江（GRiD）
デザイン	清水 桂（GRiD）
撮影	鈴木泰介
スタイリスト	しのざきたかこ
構成・編集	相沢ひろみ
料理製作アシスタント	植田有香子　中村弘子

講談社のお料理BOOK
ほっとくだけで味が決まる
漬けたら、すぐおいしい！

2015年12月10日　第1刷発行
2017年 3月15日　第8刷発行

著　者	堤 人美
発行者	鈴木 哲
発行所	株式会社 講談社
	〒112-8001
	東京都文京区音羽2-12-21
	電話（編集）03-5395-3527
	（販売）03-5395-3606
	（業務）03-5395-3615
印刷所	凸版印刷株式会社
製本所	株式会社若林製本工場

定価はカバーに表示してあります。落丁本・乱丁本は、購入書店名を明記のうえ、小社業務あてにお送りください。送料小社負担にてお取り替えいたします。
なお、この本についてのお問い合わせは、生活実用出版部第一あてにお願いいたします。
本書のコピー、スキャン、デジタル化等の無断複製は著作権法上での例外を除き禁じられています。本書を代行業者等の第三者に依頼してスキャンやデジタル化することは、たとえ個人や家庭内の利用でも著作権法違反です。

©Hitomi Tsutsumi 2015, Printed in Japan
ISBN978-4-06-299663-1